学前教育新形态教材

幼儿安全照护

主　编　范琼芳　杨　雪　罗云梅

副主编　卢　静　何　爽

编　委　赵秋兰　宋秋秋　熊梦粒　陆道姗　李雪娅　廖尚祥
蒋白熠　李梦婷　方晓容　郭亭君　尚　宇　王诗慧
梁　艳　王春艳　田丹妮　刘　青　唐米香　吴小艳
杨丽光　王都银　石　红　张立娥

西南大学出版社
国家一级出版社　全国百佳图书出版单位

图书在版编目(CIP)数据

幼儿安全照护 / 范琼芳, 杨雪, 罗云梅主编. 重庆 : 西南大学出版社, 2024. 9. -- ISBN 978-7-5697-2604-6

Ⅰ. G617

中国国家版本馆CIP数据核字第2024SH5207号

幼儿安全照护

YOU'ER ANQUAN ZHAOHU

主　编　范琼芳　杨　雪　罗云梅

总 策 划：杨　毅　曾　文
执行策划：熊家艳　尹清强
责任编辑：路兰香
责任校对：熊家艳
装帧设计：魏显锋
排　　版：张　祥
出版发行：西南大学出版社（原西南师范大学出版社）
　　　　　地　　址：重庆市北碚区天生路2号
　　　　　邮　　编：400715
　　　　　电　　话：023-68868624
印　　刷：重庆紫石东南印务有限公司
成品尺寸：185 mm×260 mm
印　　张：13.25
字　　数：250千字
版　　次：2024年9月 第1版
印　　次：2024年9月 第1次印刷
书　　号：ISBN 978-7-5697-2604-6
定　　价：58.00元

序

学前教育是终身教育的开端，关系亿万儿童的健康成长、千家万户的切身利益、国家和民族的未来。百年大计，教育为本；教育大计，教师为本。促进学前教育健康发展，关键在于建设一支高素质的幼儿园教师队伍。2018年中共中央、国务院出台的《关于全面深化新时代教师队伍建设改革的意见》指出："教师承担着传播知识、传播思想、传播真理的历史使命，肩负着塑造灵魂、塑造生命、塑造人的时代重任，是教育发展的第一资源，是国家富强、民族振兴、人民幸福的重要基石。"

培养高素质的幼儿园教师，加强课程和教师队伍建设是基础。2019年国务院印发的《国家职业教育改革实施方案》提出了完善国家职业教育制度体系、构建职业教育国家标准、建设多元办学格局等一系列的任务。其中，教材是育人之纲，是改革的基础，是教师实施教学改革的重要载体和有效途径。教育部等九部门印发的《职业教育提质培优行动计划（2020—2023年）》强调，实施职业教育"三教"改革攻坚任务，要完善职业教育教材规划、编写、审核、选用使用、评价监督机制。2021年教育部办公厅印发的《"十四五"职业教育规划教材建设实施方案》强调教材建设的权威性、前沿性、原创性，要打造培根铸魂、启智增慧、适应时代要求的精品教材。当前，学前教师教育教材虽然品种丰富，但是随着国家政策的调整、职业教育理念的变化及学科的飞速发展，在一定程度上存在理念落后、体系陈旧等问题。例如，以学科为中心的理论教材过剩，传统纸质教材过剩，多媒体融合的新形态教材缺少，等等。在此背景下，我们设立课题组，组织学前师范院校的知名专家学者、中高职院校一线教师、幼儿园园长及一线教师编写了这套学前教育专业"中高协同"融通教材。从总体上来看，这套教材有如下特点：

一是坚持立德树人，强化课程思政。

本系列教材的编写坚持立德树人根本任务，厚植爱国情怀，以铸就师德师魂，培养适应新时代社会发展需要的卓越幼儿园教师为目标。教材内容的选择充分体现了社会主义核心价值观，突出了学前教育在国民教育中的基础性作用。

二是全面研究设计，系统规划建设。

从研制人才培养方案着手，研究确定了人才培养要求、专业课程设置和课程标准，以及配套的课程教学资源与课程试题库、幼儿园教师资格考试试题库。

三是做实产教融合载体。

党的二十大报告指出："教育、科技、人才是全面建设社会主义现代化国家的基础性、战略性支撑。"教材内容融合了《幼儿园教育指导纲要（试行）》、幼儿园教育活动基本理论以及幼儿教师教育教学活动的实践经验，切实增强教育教学的适应性，落实产教融合。

四是实用性好、可操作性强。

本系列教材以幼儿园教育活动基本理论为基础，面向幼儿园教育活动实践，提供了大量教育活动设计的案例及评析，强调实用性及可操作性。

五是混合式教学。

本系列教材除课堂教学设计丰富以外，还加入了微课视频资源，以二维码的形式呈现在相应的知识点旁，增强了教材的趣味性，有助于学生直观、深刻地理解学习内容，更便于教师开展信息化教学，符合当前教育教学创新改革的要求。

本套教材的编写汇集了全国范围内学前教育领域的多位专家、学者、一线名师等，编写者们不辞辛苦，反复研讨，精心打磨。尽管如此，本书仍然存在一些不足，学术上的追求永无止境，我们将不懈努力，不断修正、充实与完善相关内容。我们衷心希望这一课程思政背景下的中高协同系列教材的问世，能够为当前转型期幼儿保育专业及学前教育专业的相关院校课程改革与教学工作助力，为我国幼儿保育、学前教育人才队伍建设做出应有的贡献。

前言

随着国家教育改革的深入推进，职业教育一体化建设成为教育改革的重要一环。为了适应这一改革趋势，我们编撰了这本《幼儿安全照护》教材，旨在为幼儿教育领域提供更加全面、系统和实用的教育资源。

本教材以国家职业教育改革为引领，坚持育人为本，践行社会主义核心价值观，倡导科学的幼儿照护理念，强调幼儿身心的全面发展；以保障幼儿安全为根本，以促进幼儿身心健康为重点，以托幼机构一日生活照护为抓手，全面提高托幼机构工作人员工作水平；促进托幼机构工作人员树立科学的儿童安全观、儿童健康观及儿童教育观，突出"照护幼儿安全健康成长"的思想。我们力求将理论知识与实践技能相结合，确保教材内容既科学严谨，又易于理解与应用。

本教材共分为7个项目31个任务，内容丰富，包括幼儿安全教育的基本理论、幼儿常见意外伤害的应急处理、急救技术等。通过学习本教材，学生不仅能明确幼儿安全照护工作的基本要求，还能学会如何进行日常安全照护与指导，掌握突发事件的预防、判断与应对措施。

本教材不仅关注幼儿安全照护知识与技能的培养，更重视安全意识与应急处理能力的培养。期望通过本教材的学习，帮助学生树立正确的安全观念，掌握有效的安全照护方法，提升应对突发事件的能力。

在编写过程中，我们广泛征询了幼儿教育专家、一线教师以及家长的意见和建议，力求使教材内容更加贴近实际，更具针对性和实用性。同时，我们注重教材的可读性和趣味性，在部分任务中穿插使用了图片和视频，方便学生学习，激发他们的学习兴趣。

《幼儿安全照护》教材的编写，是我们对国家职业教育改革背景下幼儿安全教育的积极响应。我们坚信，通过本教材的学习，学生将能够获得更加全面的幼儿安全照护知识，为幼儿提供一个更加安全、健康的学习生活环境。同时，我们也期待本教材能够为幼儿教育事业的发展注入新的活力，为培养高素质的幼儿教师贡献力量。

本教材的编写团队由职业学校教师、托育机构和临床护理专业人员组成，通过校企合作开发内容。我们在编写过程中参考、引用了大量相关资料和研究成果，对这些文献的原作者表示衷心的感谢！

尽管我们竭尽全力，但书中可能仍存在疏漏或不足之处。我们诚挚地邀请广大读者批评指正，以便我们不断改进和完善教材内容，更好地服务幼儿安全照护教学工作。

目录

CONTENTS

项目一

认识托幼园所安全工作

学习目标

知识目标

1. 了解有关托幼园所安全的法律、政策文件。
2. 理解托幼园所安全工作的基本要求。
3. 掌握托幼园所安全工作的主要内容。

能力目标

1. 能说出幼儿安全照护工作所依据的法律、政策文件。
2. 能根据托幼园所安全工作的要求提出安全风险防范的具体建议。

职业素养目标

1. 明确托幼园所安全工作的重要性,树立“安全第一”的意识。
2. 尊重每名幼儿的生命价值,对生命具有敬畏之心。

学习重难点

学习重点

1. 托幼园所安全工作的基本要求。
2. 托幼园所安全工作的主要内容。

学习难点

1. 解读关于幼儿安全照护工作的法律、政策文件。
2. 根据托幼园所安全工作的要求提出安全风险防范的具体建议。

思维导图

- 认识托幼园所安全工作
  - 托幼园所安全工作相关法律、政策
    - 有关儿童保护的法律、政策规定
    - 涉及托幼园所安全的法律和政策文件
  - 托幼园所安全工作的要求
    - 托幼园所安全工作的基本要求
    - 托幼园所安全工作的主要任务
  - 托幼园所安全工作的管理
    - 托幼园所安全工作的管理制度
    - 托幼园所安全工作的岗位职责
    - 托幼园所保教人员的安全素养

任务一

托幼园所安全工作相关法律、政策

任务目标

1. 能说出我国有关幼儿保护的法律、政策文件的内容。

2. 能说出我国有关托幼园所安全工作的法律、政策文件的内容。

工作表单

工作表单1

案例分析

天天小朋友的家在幼儿园附近，他经常一个人来上幼儿园，一个人回家，他的爸爸妈妈认为天天完全熟悉周围环境，不会走丢。

请分析天天爸爸妈妈的做法是否正确并说明理由。

工作表单2

思考总结

思考并说出我国有关幼儿保护的法律、政策文件的名称和内容。

名称	内容

工作表单3

小组讨论

有家长认为小朋友的安全在于照护，幼儿年龄太小，不需要进行安全教育。请分小组讨论以上观点是否正确。

学习支持

一、有关儿童保护的国际规定

《儿童权利公约》于1989年11月20日第44届联合国大会第25号决议通过，公约第三条规定：关于儿童的一切行动，不论是由公私社会福利机构、法院、行政当局或立法机构执行，均应以儿童的最大利益为一种首要考虑；缔约国承担确保儿童享有其幸福所必需的保护和照料，考虑到其父母、法定监护人或任何对其负有法律责任的个人的权利和义务，并为此采取一切适当的立法和行政措施；缔约国应确保负责照料或保护儿童的机构、服务部门及设施符合主管当局规定的标准，尤其是安全、卫生、工作人员数目和资格，以及有效监督等方面的标准。

二、涉及托幼园所安全的法律和政策文件

《中华人民共和国教育法》《中华人民共和国义务教育法》《中华人民共和国教师法》中都有关于保障幼儿安全的明确规定。

从1989年颁布《幼儿园管理条例》至今，我国陆续出台了一系列关于幼儿安全方面的法律、政策文件，对幼儿的安全问题予以高度重视。2001年教育部出台的《幼儿园教育指导纲要（试行）》中指出：幼儿园必须把保护幼儿的生命和促进幼儿的健康放在工作的首位。

《中小学幼儿园安全管理办法》于2006年6月颁布，是我国政府专门针对中小学和幼儿园安全制定的管理办法，为幼儿园开展安全工作指明了方向。

2010年9月，中华人民共和国卫生部（已撤销）、中华人民共和国教育部颁布《托儿所幼儿园卫生保健管理办法》，提出托幼机构设有食堂提供餐饮服务的，应当按照《中华人民共和国食品安全法》《中华人民共和国食品安全法实施条例》以及有关规章的要求，认真落实各项食品安全要求。

2012年2月颁布的《幼儿园教师专业标准（试行）》再次强调将保护幼儿生命安全放在首位。

2016年1月出台的《幼儿园工作规程》就幼儿园的安全和卫生保健工作做出相关规定：幼儿园应当严格执行国家和地方幼儿园安全管理的相关规定，建立健全门卫、房屋、设备、消防、交通、食品、药物、幼儿接送交接、活动组织和幼儿就寝值守等安全

防护和检查制度，建立安全责任制和应急预案；幼儿园的园舍应当符合国家和地方的建设标准，以及相关安全、卫生等方面的规范，定期检查维护，保障安全；幼儿园不得设置在污染区和危险区，不得使用危房；幼儿园的设备设施、装修装饰材料、用品用具和玩教具材料等，应当符合国家相关的安全质量标准和环保要求；入园幼儿应当由监护人或者其委托的成年人接送；幼儿园应当严格执行国家有关食品药品安全的法律法规，保障饮食饮水卫生安全；幼儿园教职工必须具有安全意识，掌握基本急救常识和防范、避险、逃生、自救的基本方法，在紧急情况下应当优先保护幼儿的人身安全；幼儿园应当把安全教育融入一日生活，并定期组织开展多种形式的安全教育和事故预防演练；幼儿园应当结合幼儿年龄特点和接受能力开展反家庭暴力教育，发现幼儿遭受或者疑似遭受家庭暴力的，应当依法及时向公安机关报案。

2016年12月，《食品药品监管总局 教育部关于进一步加强中小学校和幼儿园食品安全监督管理工作的通知》发布，要求进一步加强中小学校和幼儿园食品安全监管工作，防范食品安全风险，切实保障儿童青少年身体健康和生命安全。

2018年10月，国务院教育督导委员会办公室发布《关于进一步加强中小学(幼儿园)安全工作的紧急通知》，指出要切实提高学校安全工作认识，深入开展学校安全隐患排查，不断完善学校安全工作机制，全面加强学校安全应急管理，积极做好学校安全舆情应对，持续强化学校安全督导检查。

2019年10月，国家卫生健康委员会印发《托育机构设置标准(试行)》(以下简称《设置标准》)和《托育机构管理规范(试行)》。《设置标准》规定：托育机构的房屋装修、设施设备、装饰材料等，应当符合国家相关安全质量标准和环保标准，并定期进行检查维护；托育机构应当配备符合婴幼儿月龄特点的家具、用具、玩具、图书和游戏材料等，并符合国家相关安全质量标准和环保标准。

2019年5月，《国务院办公厅关于促进3岁以下婴幼儿照护服务发展的指导意见》发布，明确指出：按照儿童优先的原则，最大限度地保护婴幼儿，确保婴幼儿的安全和健康；遵循婴幼儿成长特点和规律，促进婴幼儿在身体发育、动作、语言、认知、情感与社会性等方面的全面发展。

2023年10月，国家卫生健康委员会发布《托育机构质量评估标准》，要求：制订并落实婴幼儿安全教育工作计划，定期总结；在日常生活与活动中向婴幼儿渗透安全教育，应确保婴幼儿受教育率达到100%，定期面向婴幼儿家长开展安全教育。

实训任务

设计一个“家园携手，共筑安全“主题日活动，分角色扮演主班教师、保育员以及家长参与主题日活动。

实训评价

1. 反馈机制：建立家长反馈通道，家长可以报告任何关于幼儿园安全的问题，幼儿园及时回应解决。

2. 家长安全意识：了解家长对孩子安全教育的认识和行动。

3. 体现家园共育：通过家园合作，培养幼儿安全意识，促使幼儿能够在家里和幼儿园里都表现出良好的安全行为。

任务二

托幼园所安全工作的要求

任务目标

1. 理解托幼园所安全工作的基本要求。

2. 知道托幼园所安全工作的主要任务。

工作表单

工作表单1

案例分析

在某幼儿园的午睡时间，保育员看到幼儿都睡着了，自己就外出办事，然后快速返回。园长发现后对该保育员进行了严厉的批评教育。

分析：案例中保育员和园长的行为是否恰当？托幼园所的安全工作有哪些基本要求？

工作表单2

思考总结

思考：托幼园所安全工作的主要任务是什么？

工作表单3

小组讨论

请根据托幼园所安全工作的基本要求提出安全风险防范措施。

安全工作的基本要求	安全风险防范措施

学习支持

一、托幼园所安全工作的基本要求

依据国家法律法规及各级教育行政部门出台的有关文件，托幼园所安全工作的要求归纳起来包括如下几个方面：

（一）生命第一

托幼园所安全事故的最大危害就是对幼儿生命健康的威胁，因此，安全工作的核心就是保护幼儿的生命安全。这是“以人为本”的教育观、价值观的体现，也是处理安全事故的基本理念，托幼园所所有工作人员必须始终把保护幼儿的生命安全放在工作的首位。

（二）预防为先

安全工作是一分应对九分预防，对于一切可能发生的安全事故，都需要依法依规制订应急预案，防患于未然。

（三）科学照护

安全照护是安全工作最重要最日常的措施，托幼机构的工作人员要全面掌握幼儿安全照护内容，熟悉常见安全问题，科学地照护幼儿，日常之中确保幼儿健康和谐全面发展。

（四）协同应对

安全事故一旦发生，保教人员要争取在第一时间赶赴现场，尽快了解情况，迅速做出决策，及时处理危机，尽力减少损失和伤害。同时，要树立大局意识和责任意识，在加强自身应急管理工作的基础上，还要按照园所的要求，积极促进园所、家长、社会协同工作。

（五）有效沟通

面对突发的安全事故，有效沟通是必不可少的，为了避免错误的舆论导向使家园关系恶化，应采取坦诚的态度，不回避问题，用负责任的姿态及时进行有效沟通。安全事故发生后，要根据情况向媒体通报事件真相，引导其客观公正地报道和评价事件，这既是对事实的尊重，也能体现园所勇于接受社会监督的担当精神。

(六)依法处理

处理安全事故,要以现行的法律法规为依据,尊重当事人的合法权益,切忌感情用事、武断决策和违规办事。在处理的过程中必然牵涉事故责任的划分和认定,对此,托幼园所要坚持依法办事原则,勇于承担应有的责任。做好预案、建立健全调解机制是托幼园所的一项重要工作。

(七)人文关怀

在处理安全事故时,要注意体现人文关怀,即使托幼园所自身的责任很小,或者根本没有责任,也应该对受到伤害的幼儿及其家长表示同情和关怀,尽力帮助他们克服困难。

二、托幼园所安全工作的主要任务

托幼园所安全工作是包括制度和机制在内的完整体系,园所安全管理制度包括各岗位安全职责、安全工作规范等,工作机制包括安全教育与培训、安全风险预防与处理流程、安全考核等,从保教工作以及家园互动等多个维度为幼儿的安全健康成长提供保障与支持。

(一)安全管理

安全管理工作体系在内容上,涵盖设施设备安全、安全保卫、卫生保健、教育教学、德育工作、财务安全等多个方面,为幼儿的身体、心理健康提供管理上的保障;在形式上,包括建立安全管理工作制度、制订安全风险应急预案、完善安全管理工作机制等。

1.建立安全管理工作制度

安全管理工作制度是托幼园所管理的基础,是落实依法治园的重要依据,完善的制度建设能为园所一切工作有条不紊地开展提供有力保障。

2.制订安全风险应急预案

预案是安全管理工作体系中的重要组成部分,对于加强和改进托幼园所安全检查工作,保障全体师幼健康平安,防范安全事故发生,以及快速、及时、妥善处理突发安全事故,切实有效降低安全事故的危害等具有十分重要的作用。

3.完善安全管理工作机制

要建立安全管理长效机制，通过日常记录、日常检查、随机抽查、定期排查等方式，保障各项安全管理制度的落实。对于其中发现的问题，采取集体决策、责任落实的方式不断改进，以机制的建设与落实促进园所的安全管理工作科学、有效地落到实处。

（二）安全培训

保教人员是托幼园所发展的关键因素，是实施安全教育的重要人力资源，因此，开展必要的安全教育培训，让保教人员理解并掌握安全教育的意义、内容、方法等，是实施安全教育的重要前提。

（三）安全实践

1.安排集体安全教育活动

集体教育活动是保教人员有目的、有计划地组织全体幼儿围绕某一特定内容开展的教育活动。这类活动因为目的性、计划性强，适合面向全体幼儿开展，教师可以通过精心设计游戏、故事等方式，对幼儿实施社会交往、自然灾害、食品安全、交通安全诸方面的安全教育，促进幼儿健康发展。

2.组织专项安全实践活动

安全宣传日（周或月）活动、安全演习、专题运动会等专项实践活动是托幼园所开展安全教育的重要途径，这些活动不仅可覆盖多个班级和大量幼儿，还可鼓励家长积极参与，使得活动更加深入且具有实践性，使教育效果更加显著。

家庭是托幼园所重要的合作伙伴，托幼园所在实施安全教育的过程中，应该本着尊重、平等、合作的原则，争取家长的理解、支持和主动参与，并积极支持与帮助家长提高教育能力。因此，根据实际需要，有目的地组织家园合作开展安全教育活动，为幼儿的健康成长营造安全的环境有十分重要的意义。

实训任务

夏季儿童溺水事件频发，作为托幼园所的保教人员，应该做些什么工作呢？如果需要对家长开展安全宣传相关活动，你会怎么做？请小组合作讨论并进行模拟操作。

实训评价

1. 开展的活动符合托幼园所针对家长的安全宣传的特点。

2. 模拟操作流程清晰，表述完整。

任务三

托幼园所安全工作的管理

任务目标

1. 理解托幼园所安全工作的管理制度。
2. 清楚托幼园所各岗位的安全职责。
3. 知道托幼园所保教人员必须具备的安全素养。

工作表单

工作表单 1

案例分析

下午离园时间到了，一个自称是丁丁爸爸同事的男士拿着接送卡来接丁丁。他说丁丁爸爸临时有工作任务，请他来代接丁丁。刘老师不放心将丁丁交给这位男士，问丁丁是否认识他，丁丁说不认识，刘老师立即联系了丁丁爸爸，并通过视频确认确实是丁丁爸爸委托同事来接孩子后，刘老师才把丁丁交给了该男士。

1. 分析刘老师的做法符合哪方面的安全工作管理制度。
2. 托幼园所的安全工作管理制度有哪些?

工作表单2

思考总结

思考:作为一名保育员有哪些安全职责?

工作表单3

小组讨论

小组讨论:作为一名保育员,需要具备哪些安全素养?

学习支持

一、托幼园所安全工作的管理制度

（一）建立健全园内安全机构

托幼园所应当建立健全安全工作领导机构，实行园长负责制；园所必须设立安保机构，配备专职或者兼职安全保卫人员，明确其安全保卫职责。

（二）建立健全各项安全制度

1.建立健全保教工作安全制度

建立健全保教工作安全制度应包括：建立健全接送管理制度、安全用餐制度、卫生保健制度、安全信息通报制度、活动安全制度、大型活动审批制度。

2.建立健全环境安全制度

建立健全环境安全制度应包括：建立健全食品（厨房）卫生及规范操作制度、定期检查和危房报告制度、水电气设备的安全管理制度、功能室安全管理制度、住宿幼儿安全管理制度。

3.建立健全安全保障制度

建立健全安全保障制度应包括：建立健全门卫制度、消防安全制度、车辆安全管理制度、安全工作档案制度。

4.建立健全安全风险预警、处理、报告制度

建立健全安全风险预警、处理、报告制度应包括：建立健全安全工作预警及突发事件处理流程、报告制度等。

二、托幼园所安全工作的岗位职责

托幼园所安全工作要落到实处，就必须明确各岗位工作人员的安全职责，建构安全职责网络，做到职责清晰、责任到人。各岗位安全职责应全面、规范、细致，具有可操作性，并确保执行到位。

(一)园长安全职责

(1)全面负责托幼园所安全工作,为托幼园所安全第一责任人。

(2)建立托幼园所安全管理机构,落实安全管理工作人员,定期召开安全工作会议,把安全工作列入重要议事日程。

(3)建立健全托幼园所安全管理机制,切实落实安全工作责任,组织各层级签订安全责任书,做到安全工作落实到人。

(4)制订年度安全工作目标、计划,并指导实施。

(5)切实开展安全教育,组织教职员工学习有关安全工作的法律、政策,传达上级安全会议精神,做好教职员工安全文明教育宣传和培训。

(6)摸排托幼园所内部人员的不稳定因素,关心爱护教职员工及其家属。对摸排情况及时记录、上报,并积极协调解决。

(7)认真完成上级布置的安全工作任务。

(8)发生重大事故或突发暴力事件时,及时报告上级主管部门,按照预案迅速组织抢救,最大限度减少事故损失。

(二)后勤、安全副园长安全职责

(1)负责日常安全工作的布置、指导、检查、评比和监督,为托幼园所日常安全管理直接责任人。

(2)建立健全安全管理制度,制订安全事故应急预案和突发事件应急预案并组织演练,提高教职员工的安全事故防范能力和处置能力。

(3)配合园长的工作并完成园长布置的安全工作任务,制订并组织实施教职员工安全教育培训计划,提高教职员工安全意识和安全技能。

(4)每季度和重大节假日前组织开展托幼园所安全工作大检查,及时消除安全隐患,防止事故发生。

(5)结合实际安全工作形势,指导、督查托幼园所各项安全工作的落实。

(6)督促相关部门和人员做好安全工作资料收集及归档工作。

(7)协助园长处理重大安全事故,对各部门上报的安全隐患及时给出处理意见。

(8)当发生重大事故或突发暴力事件时,及时向园长报告事故情况并协助园长处理。同时,按照预案迅速组织行政后勤人员赶往现场抢救,最大限度减少事故损失。

（三）班主任安全职责

（1）教学班班级安全管理实行班主任责任制，班主任为班级安全管理工作第一责任人。

（2）认真贯彻落实上级部门有关安全工作的要求及托幼园所的安全工作制度，定期对保教人员进行安全教育。

（3）定期组织保教人员对班级设施设备及物品进行深入细致的安全排查，发现隐患立即上报并及时排除，防止失火、触电、砸伤等事故的发生。

（4）重视和做好班级日常活动、饮食、用药、卫生消毒、疾病预防、幼儿接送等安全管理工作，避免幼儿意外事故发生，杜绝责任事故发生。严禁体罚与变相体罚幼儿。

（5）随时观察幼儿情绪及身体情况，如有意外发生，及时处置并报告有关领导，同时会同医务人员将幼儿送往医院就诊，并及时与家长取得联系。

（6）结合幼儿年龄特点，有计划地开展安全知识教育活动，增强幼儿自我安全防范能力。开展安全演练活动，加强教育活动、生活活动、户外活动管理，杜绝安全事故的发生。

（7）班级组织集体外出活动时，必须提前向主管干事及分管副园长申报，认真制订外出活动安全预案，遵循“谁组织谁负责”的原则，经批准后方可实施。

（8）发现幼儿行为具有危险性或带危险物品来园的，应当及时告诫和制止，并与家长沟通，指导家长配合做好幼儿安全教育工作。

（9）当发生重大事故或突发暴力事件时，及时报告园长，并按照预案迅速实施疏散幼儿、转移幼儿、与不法分子周旋、拖延时间等保护幼儿的急救措施，最大限度减少事故损伤。

（四）教师安全职责

（1）协同班主任全面落实班级安全管理制度，为班级安全工作直接责任人。

（2）服从班主任管理，主动参与、共同分析班级安全管理现状，查找安全隐患，制订切实可行的措施，遇到重大问题及时向班主任汇报，并上报园领导。班主任不在的情况下，当班教师为第一责任人。

（3）落实托幼园所接送制度、入园所幼儿人数清点登记制度、交接班人数清点制度，如发现实际人数与登记人数不符时，及时查明原因。

（4）随时注意活动中出现的各种异常现象，发现幼儿危险行为应及时告诫、制止、教育，避免幼儿意外事故的发生。

(5)重视和做好班级保育和教育活动,以及饮食、用药、卫生消毒、疾病预防、接送幼儿等安全管理工作。发现园内或班内设施设备及物品有安全隐患时,应及时报告并处理。

(6)加强职业道德修养,尊重、爱护幼儿,严禁虐待、歧视、体罚、变相体罚、侮辱人格等损害幼儿身心健康的行为。

(7)引导幼儿正确认识安全风险,定期对幼儿开展安全知识教育和安全演练,增强幼儿的安全防范能力。加强幼儿教育活动、生活活动、户外活动管理,预防安全事故发生。

(8)组织集体活动、户外活动时,当班教师应提前检查活动场地和设施设备情况,并指导幼儿有秩序地参加活动。

(9)当发生重大事故或突发暴力事件时,及时向园长报告事故情况并按照预案及时实施疏散幼儿、转移幼儿、与不法分子周旋、拖延时间等保护幼儿的急救措施,最大限度减少事故损伤。

(五)保育员安全职责

(1)协同教师开展班级安全管理工作,服从教师的管理安排,为幼儿安全的直接责任人。

(2)主动与班级其他保教人员共同分析班级安全管理现状,查找安全隐患,制订切实可行的措施,并严格执行。

(3)高度重视安全,做到“三防”“三关”。三防:防火灾、防盗窃、防中毒;三关:离开教室时关水、关电、关门窗。

(4)严格落实班级卫生消毒、服药、物品管理等制度,确保幼儿的生命安全与健康。

(5)班级组织活动时,要注意观察、配合教师组织指导幼儿活动,预防安全事故的发生。

(6)配合教师对幼儿进行安全知识教育和安全演练,掌握幼儿意外伤害紧急处理方法和常见传染病的鉴别及防治措施。

(7)当发生重大事故或突发暴力事件时,立即向园长报告事故情况,并按照预案迅速实施疏散幼儿、转移幼儿、与不法分子周旋、拖延时间等保护幼儿的急救措施,最大限度减少事故损伤。

三、托幼园所保教人员的安全素养

托幼园所安全工作的水平直接取决于保教人员的安全素养。保教人员作为幼儿在园所期间的安全保护者，需要经过严格的培养与训练，具有良好的职业道德，掌握系统的安全专业知识和专业技能，才能更好地胜任岗位工作。

（一）良好的品德

托幼园所保教人员良好的品德包括职业信仰、对幼儿教育的热爱、敬业精神，以及开拓创新的工作精神和自我发展的品质。职业信仰指保教人员对自己所从事的教育职业的性质、任务、作用、价值以及自身角色与职责的了解、认同。托幼园所保教人员的爱心是献身教育的感情基础，这体现在关心、爱护、尊重和平等对待幼儿的过程中。保教人员具备职业责任感，会自觉提高自己各方面的能力和素质，自觉修正自身不适宜的教育观念与行为，以更好地胜任岗位工作。

（二）先进的理念

首先是幼儿教育观，它是保教人员对幼儿教育的基本观念与看法的总和，是保教人员照护和教育幼儿的基础和心理依据。其次是安全观，科学先进的安全观是保教人员开展安全工作的思想指南，指导保教人员始终把安全放在工作的首位，把预防做在前面，确保安全工作科学严谨。

（三）全面的知识

（1）保教人员必须掌握幼儿教育基础知识，包括基本的文化知识、科学知识等，只有具备了这些基础知识，才能掌握好专业理论知识，不断提高工作水平。

（2）保教人员要具备扎实的专业知识，了解幼儿身心发展的基本特点和基本规律，掌握幼儿教育的实践方法，有效地进行教育教学，减少工作的盲目性。

（3）保教人员还应拥有先进科学的安全知识，掌握基本的安全防护技能，学习国家法律法规中有关安全教育的条款。通过学习，增强法治观念，加强安全防范意识，掌握卫生保健、疾病护理、突发事故处理等方面的安全常识，提高安全工作能力。

（四）综合的能力

综合能力中尤为重要的是自我监控能力，包括保教人员的反思能力和控制能力等。当保教人员具有较高的自我监控能力时，便能自觉反思和调整自己的教育行为，从而确保保教质量稳步提升。

（五）健康的身心

良好的身心素质是保教人员做好工作的基本保障，也是幼儿安全的基本保障。对保教人员而言，身体和心理健康是基本要求，其直接影响工作的质量和效果。因此，保教人员必须具备良好的心理素质，以应对各种压力与突如其来的变化。保教人员要善于自我调节情绪，时刻保持平和心态，维持良好的工作状态，以积极愉快的情绪感染幼儿，与幼儿建立和谐愉快的相处关系。

实训任务

假如你是一名幼儿园小班的保育员，在配合主班教师组织户外活动时应完成哪些工作？请小组合作进行现场模拟，并说明保育员的工作职责。

实训评价

1. 工作内容、方法符合保育员工作职责。
2. 在模拟安全照护中，讲述的依据清晰，处理方法周全。
3. 小组合作默契，语言表达清晰，模拟过程规范。

项目小结

安全工作是托幼园所最重要的一项工作，是园所各项工作得以开展的基础。保障幼儿生命安全是托幼园所的首要任务，关乎幼儿的健康成长，关乎园所的发展，关乎千家万户的幸福。我国陆续出台相关法律和政策，对托幼园所安全工作提出基本要求，给予相关指引。

本项目主要内容包括托幼园所安全工作的相关法律和政策、托幼园所安全工作的要求和托幼园所安全工作的管理。

直通赛证

选择题

1.《托育机构管理规范(试行)》规定:(　　)应当符合国家相关安全质量标准和环保标准,并定期进行检查维护。

A.周边环境　　B.托育机构的房屋装修

C.设施设备　　D.装饰材料

2.托幼园所安全工作的基本要求包括(　　)。

A.生命第一　　B.预防为先　　C.科学照护　　D.科学喂养

E.协同应对　　F.有效沟通　　G.依法处理　　H.人文关怀

3.托幼园所安全工作的核心就是(　　)。

A.保护幼儿的生命健康　　B.保护幼儿出行安全

C.保护幼儿饮食安全　　D.保护幼儿睡眠安全

4.(　　)全面负责托幼园所安全工作,为托幼园所安全第一责任人。

A.园长　　B.副园长　　C.班主任　　D.保育员

5."配合老师组织指导幼儿活动,预防安全事故发生"是(　　)的岗位安全职责。

A.园长　　B.副园长　　C.班主任　　D.保育员

6.根据《幼儿园工作规程》,以下哪种做法不符合规程中关于幼儿安全照护的要求?(　　)

A.幼儿园定期组织消防演习,增强师生消防安全意识

B.幼儿园设置专门的安全教育课程,教授基本的自救互救技能

C.幼儿园使用未经安全检测的玩具供幼儿玩耍

D.幼儿园建立严格的入园和离园交接制度,确保每个幼儿的安全接送

实践实训

某幼儿园大班小朋友丁丁在户外游戏时摔倒,作为保育员应该如何处理?请进行模拟操作并加以说明。

项目评价

主题	内容	优秀	良好	一般	较差	很差
学习态度	能准时参加全部课程,按时提交作业,及时查阅教师上传的学习材料	5	4	3	2	1
专业知识	了解有关托幼园所安全的法律法规、政策文件,理解托幼园所安全工作的基本要求,掌握托幼园所安全工作的主要内容	5	4	3	2	1
研讨精神	积极参与讨论,对其他人的发言能提出合理的分析和见解	5	4	3	2	1
团队协作	能很好地融入课堂小组讨论,共同推进学习进程	5	4	3	2	1
沟通交流	能够清晰准确地表达自己的观点,与他人交流时态度语气恰当	5	4	3	2	1
人文素养	能够关注安全教育人文知识,有意识地培养职业人文精神	5	4	3	2	1
信息素养	会检索幼儿安全教育相关法律法规、政策文件,主动学习	5	4	3	2	1
实践应用	能说出托幼园所安全照护工作所依据的法律法规、政策文件,能根据托幼园所安全工作的要求提出安全风险防范的具体建议	5	4	3	2	1
自我小结						

推荐阅读

1. 张利洪.学前教育政策法规与职业道德[M].重庆:西南大学出版社,2022.

2. 扫描二维码,进行拓展阅读。

项目二

认识幼儿安全教育

学习目标

知识目标

1. 知道幼儿安全教育的目标、内容。
2. 了解幼儿安全教育的途径与资源。

能力目标

1. 能组织开展幼儿安全教育活动。
2. 能开发和运用幼儿安全教育的资源。

职业素养目标

1. 具备敬畏生命、珍爱生命的职业精神。
2. 牢记“安全第一”，坚持保教结合。

学习重难点

学习重点

1. 幼儿安全教育的目标、内容。
2. 幼儿安全教育的途径与资源。

学习难点

采用适宜的形式和方法组织幼儿安全教育活动。

思维导图

- 认识幼儿安全教育
  - 幼儿安全教育概况
    - 幼儿安全教育的目标
    - 幼儿安全教育的内容
    - 幼儿安全教育的途径
    - 幼儿安全教育的资源
  - 幼儿自我保护与安全自救教育
    - 幼儿自我保护教育
      - 幼儿自我保护教育的意义
      - 幼儿自我保护教育的内容
    - 幼儿安全自救教育
      - 日常危险
      - 火灾避险
      - 地震逃生

任务一

幼儿安全教育概况

任务目标

1. 理解幼儿安全教育的目标、内容。

2. 掌握托幼园所安全教育的途径与资源。

工作表单

工作表单1

案例分析

在幼儿园里，孩子们每天都要进行各种活动，其中包括玩玩具、做游戏、户外活动等。然而，在一次户外活动中，小明不小心摔了一跤，膝盖摔破了，流出了血。小明的眼泪立刻就流了下来，他感到非常害怕和疼痛。

针对这种情况，幼儿园的老师们采取了以下措施：

1. 安抚幼儿情绪：老师们第一时间安抚小明的情绪，让他感到被关心和支持。他们安慰小明："不要害怕，我们会帮你处理伤口的。"

2. 清理伤口：老师们用清水和消毒液清理小明的伤口，确保伤口干净，以防止感染，接着用了创可贴来保护伤口。

3. 给予安全感：老师们告诉小明每个人都会受伤，但是只要采取正确的处理方式，伤口很快就会好起来。他们还告诉小明，如果他感到疼痛或者其他不适，要及时告诉老师。

4. 增强安全意识：老师们在接下来的几天里，反复向小明强调安全的重要性。他们告诉小明，在户外活动时要小心，不要跑得太快或者跳得太高等。老师们还向小明介绍了其他需要注意的安全事项，如不要随便拿陌生人的东西、不要跟陌生人走等等。

5.鼓励幼儿表达感受：老师们鼓励小明表达自己的感受和想法。他们问小明："你觉得这次受伤让你学到了什么？"小明说："活动时要小心，不能跑得太快。"老师们肯定了小明的回答，并告诉他这是非常重要的安全意识。

托幼园所的老师们不仅帮助小明处理了伤口，还帮他树立了安全意识。他们希望小明以后能够更加注意保护自己的安全，同时也能够向其他小朋友传递这种安全意识。

分析：如果你是上述案例中的幼儿园老师，你会怎么做？

工作表单2

思考总结

思考：幼儿安全教育的内容包括哪些方面？

工作表单3

小组讨论

讨论设计并模拟组织一个幼儿园中班的安全教育活动。要求:小组合作实施,并进行评析。

学习支持

一、幼儿安全教育的目标

幼儿安全教育目标是托幼园所以及家庭安全教育的指南,是幼儿安全教育的起点,也是幼儿安全教育的归宿。它引导和规范幼儿安全教育内容、方法和手段,指导幼儿安全教育的实施过程,影响保教人员的教育观念和行为,以及幼儿的健康发展。

(一)托幼园所幼儿安全教育目标的制订

幼儿安全教育目标主要是培养幼儿的安全意识,让幼儿预见可能发生的危险,知道如何保护自身的安全,提高幼儿的自我保护能力。制订幼儿安全教育目标,既要依据相关法律和政策文件,又要考虑幼儿身心发展特点。

1.依据相关法律和政策文件

托幼园所应依据《中华人民共和国教育法》《中华人民共和国未成年人保护法》《中小学幼儿园安全管理办法》《幼儿园工作规程》《幼儿园管理条例》《幼儿园教育指导纲要(试行)》《3—6岁儿童学习与发展指南》《中小学公共安全教育指导纲要》等制订安全教育目标,做到依法执教、科学执教。

2. 基于幼儿的年龄特点

幼儿是教育的对象，他们的身心发展水平、发展需要以及发展的规律性，是托幼园所制订安全教育目标的依据之一。只有对幼儿的身心发展特点进行深入研究和思考，才能制订出符合幼儿发展特点的安全教育目标，同时，也才能够促进其在原有的水平上获得更好的发展。

（二）幼儿安全教育目标

《幼儿园教育指导纲要（试行）》中明确规定，健康教育应让幼儿“知道必要的安全保健常识，学习保护自己”，并要求“密切结合幼儿的生活进行安全、营养和保健教育，提高幼儿的自我保护意识和能力”。

《3—6岁儿童学习与发展指南》明确规定了各年龄段幼儿应具备的基本安全知识和自我保护能力。3—4岁幼儿：不吃陌生人给的东西，不跟陌生人走；在提醒下能够注意安全，不做危险的事；在公共场合走失时，能向警察或有关人员说出自己的名字、家庭地址、家长的名字或电话号码等简单信息。4—5岁幼儿：在公共场合不远离成人的视线单独活动；认识常见的安全标志，能遵守安全规则；运动时能主动躲避危险；知道简单的求助方式。5—6岁幼儿：未经大人允许不给陌生人开门；能自觉遵守基本的安全规则和交通规则；运动时注意安全，不给他人造成危险；知道一些基本的防灾知识。

托幼园所安全教育目标应包括园所安全教育总目标、各年龄段安全教育目标、班级安全教育活动目标。托幼园所安全教育目标的落实可分为三步逐渐深入：首先，通过感知生命的重要，帮助幼儿树立安全意识；其次，引导幼儿学习必要的安全常识，提高自我保护意识和能力；最后，帮助幼儿养成良好的行为习惯，减少伤害事故的发生。

二、幼儿安全教育的内容

基于幼儿的实际、来源于幼儿的生活并且符合安全教育目标的教育内容，是适宜的、科学的。

（一）生命安全教育

让幼儿知道生命的宝贵，知道每个人的生命只有一次，要懂得珍爱自己的生命，并通过身边的动植物死亡等现象，对幼儿开展生命教育；知道身体各部位的名称，了解眼、耳、口、鼻的保护方法；让幼儿知道身体不舒服时要及时告诉成人，明白生病了要吃药等。

（二）交通安全教育

交通安全教育主要包括了解基本的交通规则，如“红灯停，绿灯行”，行人走人行道，走路靠右行，不在马路上踢球、追逐，不横穿马路，等等。认识交通标志，如红绿灯、人行线，并且知道这些交通标志的意义和作用。养成遵守交通规则的良好习惯。

（三）消防安全教育

要让幼儿懂得火的危险性，掌握简单的自救技能，提高逃生能力。定期进行火灾疏散演练，让幼儿熟悉园所的各个安全通道以及路线，以便在发生火灾时，幼儿能在保教人员的指挥下统一行动，有序疏散，迅速离开火灾现场。

（四）食品卫生安全教育

托幼园所必须严格把控食品采购、储藏、烹饪等环节的卫生质量，并教育幼儿不吃腐烂的、有异味的食物。幼儿在园所里误食有毒有害物质的情况也是有的，如园所内投放的灭鼠、灭虫药等被幼儿误食。因此，保教人员要教育幼儿不随便捡食和饮用不明物质等，培养幼儿良好的饮食习惯。另外，目前儿童服用的药物大多外观漂亮，易引起孩子们的好奇心，有的孩子甚至把药品当作零食误食，因此，要教育孩子不能随便吃东西，而且保教人员或家长要把药物放在幼儿拿不到的地方。饮食安全教育的另一方面是良好饮食习惯的培养，如教育孩子在进食热汤或喝热水时必须先吹一吹，以免烫伤；进食时不嬉笑打闹，以免食物误入气管；等等。

（五）玩具安全教育

游戏是孩子的天性，玩具是孩子的喜爱之物。幼儿在园所的一日生活中，几乎有一半时间是在和玩具打交道，因此，对幼儿进行玩具安全教育十分重要。对于不同类型的玩具，应设定不同的安全要求。玩滑梯时，应教育他们不要拥挤，前面的幼儿还没滑到底并离开时，后面的幼儿不能往下滑；玩棍棒类游戏时，不能拿棍棒敲打其他幼儿的身体；玩小型玩具时，不能将其放入口、耳、鼻中，以免造成伤害。

（六）防触电、防溺水安全教育

对幼儿进行防触电教育，首先要告诉幼儿，不能随便玩电器，不拉电线，不用剪刀剪电线，不将手指、铁丝等插到电源插座里。其次要告诉幼儿，一旦发现小朋友触电，不能用手去拉，而应及时寻求大人的帮助，如切断电源或者用干燥的竹竿等不导电的东西挑开电线。

对幼儿进行防溺水教育，一是要告诉幼儿不能独自到河边、池塘边、游泳池边等地方玩耍；二是不能将脸闷入水中；三是不能独自下水游泳；四是当同伴失足落水时，要及时就近呼叫成人来抢救，不能贸然下水救援。

（七）生活安全教育

这一类的安全教育，必须家园配合同步进行。要教育幼儿不随身携带锐利的器具，如小刀，牙签等；要着装适宜，遵守秩序，不拥挤推撞；在没有成人看护时，不能从高处往下跳或从低处往高处蹦；不爬树、爬窗台，手不能放在门缝里；乘公交车时不在车上来回走动，手和头不能伸出窗外；上下楼梯要靠右走，不推挤；不轻信陌生人的话，未经老师或家长允许不跟陌生人走等。

在家中，家长要告诉幼儿，当他独自在家，有陌生人敲门时，不随便开门；不随意开启家中的电熨斗、电暖器等带电设备；不摆玩电线与插座；不独自玩烟花爆竹；不逗弄蛇、蜈蚣、蝎子、黄蜂、毛毛虫、狗等；闪电打雷时不站在大树底下等。

（八）预防传染病安全教育

托幼园所应培养幼儿良好的卫生习惯，尤其在传染病高发季节，应教育幼儿做好个人防护。

（九）防恐防暴安全教育

防恐防暴教育虽然主要旨在提高监护人与保教人员的安全意识与应对能力，但同时，对幼儿来说，加强防恐防暴教育，对于出现意外事故时稳定幼儿情绪、安全疏散有十分重要的意义。保教人员可采取做游戏、阅读故事、情景模拟等多种方式组织教育活动，提高幼儿的安全防范意识。

三、幼儿安全教育的途径

（一）专门的安全教育活动

专门的安全教育活动是指保教人员安排专门的时间，通过集体教学活动、安全游戏活动、亲子安全活动、参观或园内表演活动等多种途径，让幼儿参与的专项安全教育活动。以下主要介绍专门的安全教育活动中的集体教学活动和安全演练。

1.集体教学活动

集体教学活动指保教人员按照安全教育目标和幼儿的发展水平与特点，精心制订教学计划，将幼儿组织起来，开展目的明确的安全教育活动，使幼儿掌握各种安全知识和技能，是托幼园所行之有效的安全教育活动。如小班交通安全集体教学活动。

交通安全教育

2.安全演练

安全演练是以最直接的方式让幼儿处在一种类似于真实的“危险”中，引导幼儿掌握正确合理的自救自护方法，有意识地训练幼儿的自救技能。例如，幼儿园可以和

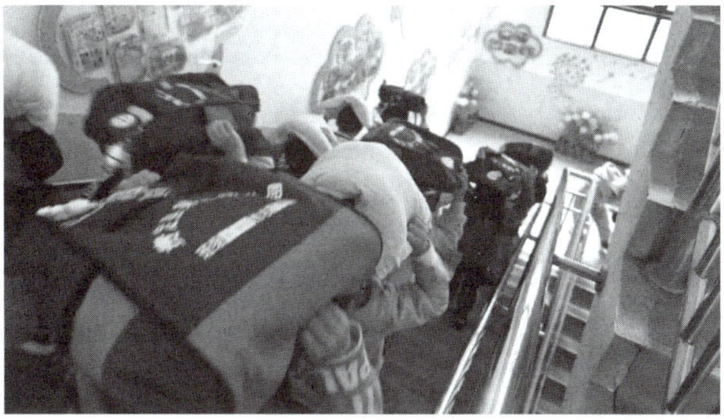

消防安全教育

消防队合作，让幼儿在消防演练活动中学会一些基本的逃生方法以及自救技能，如匍匐前进，用湿毛巾捂住口、鼻等。通过这样的活动，既培养幼儿的安全意识，也让幼儿从中获得力所能及的避险、逃生方法和自我保护的经验。

（二）整合的安全教育活动

整合的安全教育活动是指除专门的安全教育活动以外的，整合于幼儿日常生活和其他教育活动中的安全教育。

1.日常生活中随时的安全教育

幼儿一日生活的各个环节，如晨检、吃饭、喝水、上下楼梯等都是安全教育的好时机，保教人员要充分挖掘和利用其中的安全教育因素，将安全教育渗透于幼儿的一日生活中。保教人员应密切观察幼儿动态，及时捕捉幼儿生活、活动中瞬间的教育契机，给予必要、适时的安全提醒，使其在潜移默化中树立安全意识，学会自我保护。例如：不爬窗台；进餐时保持安静、细嚼慢咽、不嬉戏打闹、不大声谈笑，以免食物进入气管。保教人员可围绕幼儿的生活，在生活中随时进行安全教育，并在日常生活中巩固他们已有的安全知识、强化正确的安全行为，在生活中培养幼儿的安全意识，使其形成安全行为习惯。

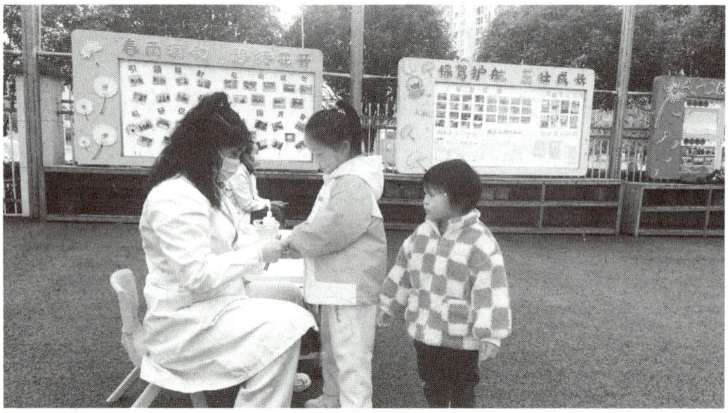

晨检安全教育

2.游戏活动中渗透的安全教育

游戏为幼儿园的基本活动形式，将安全教育渗透到游戏之中，有利于幼儿在轻松、愉快的气氛中增强安全意识，提升自我保护能力。利用各种游戏活动，教给幼儿一些安全知识，并指导幼儿进行脱险自救练习，如通过音乐游戏“老鹰捉小鸡”等教育幼儿不要随便离开父母、老师、同伴、集体，要和大家在一起；利用体育游戏“红绿灯”让幼儿了解交通规则，知道红灯停、绿灯行的交通规则，也是教育幼儿有序活动、遵守规则的重要途径。保教人员可采取多种方法让幼儿理解遵守规则、互相谦让的重要性，从而让幼儿养成遵守规则、有序活动的良好习惯。

遵守秩序安全教育

区域游戏是幼儿非常喜欢的活动，同时也是有效的教育方式，符合幼儿的心理特点、认知水平和活动能力。保教人员可根据幼儿的年龄特点，提供丰富的材料，巧妙地将安全教育内容融入区域游戏之中，让幼儿亲身经历整个过程，在游戏中尝试解决问题，思考脱险自救的方法，使其在轻松、愉快的气氛中进行自救技能训练，进而主动培养一种应对危险的防御意识和能力，提高自我保护能力。

3. 五大领域活动中整合的安全教育

托幼园所五大领域活动中整合的安全教育也是对幼儿进行安全教育的重要手段和途径。托幼园所的安全教育主要侧重于健康领域，但在语言、社会、科学、艺术领域的教育活动中，也包含丰富的安全教育资源，保教人员可以充分挖掘各领域安全教育资源，将安全教育与领域活动有机结合，使安全教育内容更加生动、丰富，提升幼儿的安全保护能力。如在故事、儿歌、科学小实验等不同领域的活动中整合安全教育内容，可以使单调、抽象的安全教育转变成生动活泼、富有情趣的形式，寓教于乐，让幼儿在愉悦的氛围中接受安全教育。

四、幼儿安全教育的资源

幼儿安全教育是托幼园所、家庭和社会的共同责任。安全教育需要建构“托幼园所、家庭、社会”三位一体的共育网络，充分挖掘园所、家庭以及社会教育资源，才能实现“幼儿为本”“安全第一”“齐抓共管”的安全教育目标。

（一）托幼园所资源

托幼园所要充分调动保教人员的积极性，有针对性地开展安全教育的园本研究，将保教人员开展安全教育的情况作为保教质量考核的重要依据。此外，园所要创设符合安全教育要求的物质环境和人文环境，使幼儿在潜移默化中提高安全意识，引导幼儿学习并掌握必要的安全知识和生存技能，进而帮助幼儿认识并深刻感悟安全的意义和价值。

（二）家庭资源

《幼儿园工作规程》规定：“幼儿园应当主动与幼儿家庭沟通合作，为家长提供科学育儿宣传指导，帮助家长创设良好的家庭教育环境，共同担负教育幼儿的任务。”“幼儿园应当建立幼儿园与家长联系的制度。幼儿园可采取多种形式，指导家长正确了解幼儿园保育和教育的内容、方法，定期召开家长会议，并接待家长的来访和咨询。”“幼儿园应当认真分析、吸收家长对幼儿园教育与管理工作的意见与建议。”托幼园所保教人员要采取积极的措施，帮助家长强化幼儿安全教育意识，利用家长会向家长介绍研究计划、活动安排，并阐述幼儿自我保护能力提升对幼儿成长的重要意义。同时，通过家园栏，开辟安全、自救知识宣传和“每日一问”专栏，将一些日常生活中的安全常识介绍给家长，提高家长自身的安全意识。让幼儿在父母的帮助下，掌握家庭生活中的一些安全知识，比如教育幼儿远离热源。家庭与园所密切配合，对幼儿实施安全保护的家园同步教育，是幼儿健康、安全成长的必要保障。

（三）社会资源

要利用社会资源加强对幼儿的安全教育。托幼园所要与公安、消防、交通以及卫生、地震等部门建立密切联系，聘请有关人员担任安全教育辅导员，根据幼儿身心特点，系统协调地安排安全教育内容，并且邀请他们协助园所制订应急疏散预案和组织安全演练活动。如邀请消防员给幼儿讲解有关用火的注意事项，请交通警察演示交通安全规则等。此外，在利用社会资源对幼儿进行安全教育的同时，还应注意防范社会上一些不良现象和资讯对幼儿可能产生的负面影响。

实训任务

如果你是某幼儿园小一班的保育员，晨间配合主班教师组织开展户外体育活动，请你模拟进行安全教育。要求：小组合作，并对模拟表现进行评析。

实训评价

1. 安全教育目标明确。
2. 安全教育内容适宜。
3. 安全教育方法科学。

任务二
幼儿自我保护与安全自救教育

任务目标

1. 掌握幼儿自我保护教育的意义和内容。

2. 掌握幼儿安全自救教育的内容。

工作表单

工作表单1

案例分析

在幼儿园中，小明非常活泼好动，但是他总是不注意周围环境中的危险，经常受伤。为了提高小明的自我保护能力，幼儿园的老师们采取了以下措施：

1. 增强幼儿自我保护意识：老师们向小明解释什么是危险，什么是不安全，并教导他如何避免这些危险和不安全。

2. 模拟演练：老师们为小明模拟了一些紧急情况，让他知道在这些情况下应该怎么做。例如，当小明不小心摔倒时，老师们会教他如何自己站起来，并告诉他这是非常勇敢的行为。

3. 培养幼儿良好的生活习惯：老师们注意到小明存在一些不良生活习惯，如喜欢用手抓食物吃、不经常洗手等。他们向小明解释这些习惯会导致他生病，并教他正确的做法。

4. 鼓励幼儿表达感受：老师们鼓励小明勇敢地表达自己的感受和想法。如他们问小明："你觉得这个玩具安全吗？"或者"如果你觉得这件事情不对，你应该怎么做？"通过这些问题，帮助小明理解什么是正确的做法。

5. 与家长合作：老师们积极与小明的家长沟通合作，共同关注小明的安全和健康。他们告诉家长小明在园里的表现和进步，并建议家长在家里继续进行相关的教育。

通过以上措施，小明逐渐提高了自我保护能力，减少了受伤的次数。他也更加注意周围环境中的危险，学会了如何保护自己。

分析：如果你是上述案例中的幼儿园保教人员，你会怎么做？

工作表单 2

思考总结

思考：幼儿自我保护教育的内容包括哪些？

工作表单3

小组讨论

讨论设计并模拟组织一个中班幼儿的自我保护教育活动。要求:小组合作,并把发现的问题写下来。

学习支持

一、幼儿自我保护教育

千般照顾不如自我保护。家长和保教人员不仅要保护幼儿的生命安全,更重要的是对幼儿进行初步的安全教育指导,帮助幼儿树立牢固的安全意识,提高幼儿自我保护能力。

(一)幼儿自我保护教育的意义

幼儿正处于生理心理发展的关键时期,加强生理心理健康保护工作,有利于促进他们拥有强健的体魄及充沛的精力去游戏、学习、生活,并获得全面的发展。幼儿的自我保护意识和能力相对比较弱,家园要共同承担起提高幼儿自我保护能力的责任,防患于未然,多形式、多渠道地对幼儿进行自我保护教育,为幼儿的健康成长助力。

（二）幼儿自我保护教育的内容

1.防范疾病和意外事故

教育幼儿保护自己，让幼儿初步懂得避开危险物，不做危险动作，保护自己的身体免受伤害。包括对疾病、意外事故的防范。

（1）对疾病的防范。

防范疾病是幼儿保护自己身体健康的重要手段。良好的生活行为习惯是预防疾病的有力保障。为有效预防疾病，要求幼儿能做到：将自己感觉到不舒服的地方主动告诉老师或家长，以寻求帮助；不乱吃药物；养成良好的生活卫生习惯；关注天气变化，能根据气温的变化增减衣物；经常参加体育锻炼，活动后知道喝水、擦汗；等等。

（2）对意外事故的防范。

防范意外事故是幼儿保护自己身体健康的另一要素。为最大限度地降低意外事故发生的概率，要求幼儿了解周围环境中可能引发意外事故的因素，并掌握防范方法，知道事故发生后及时向成人报告，以求帮助解决。如不碰危险物品；不做危险动作；不接受陌生人的食物或其他物品；不轻信陌生人的话，更不能跟陌生人走；迷路时应站在原地等大人来找或请可靠的人（如警察）帮忙；独自在家出现意外事故可拨打110求助；等等。

2.保护自己的眼、鼻、牙、耳、喉

由于幼儿年龄小，自我保护意识及自我控制能力都比较差，无法较好地控制自己的动作，常常会使五官等身体部位受到不必要的伤害。因此，让幼儿了解保护身体的重要性及相关的保护方式就显得尤为重要。

（1）眼的保护。

教育幼儿不要长时间看电视；不在过强或过弱的光线下看书、玩玩具；学习正确的坐姿；不用脏手或脏物擦眼睛；懂得如何防止异物伤害眼睛。

（2）鼻的保护。

鼻子是比较娇嫩的器官，对鼻的保护应注意以下两点：

一是养成良好的卫生习惯。引导幼儿掌握正确的擤鼻涕方法，不用手挖鼻孔。因为鼻腔内黏膜有丰富的毛细血管和神经，鼻中隔前方的毛细血管极为脆弱，用手指挖鼻孔或者用器具碰鼻子会伤到黏膜上的毛细血管引起流鼻血。同时，由于指甲中藏有大量细菌，这些细菌乘挖鼻孔之机侵入黏膜下血管中容易发生感染，进而引起鼻腔的其他疾病。

二是避免异物入鼻。教育幼儿不要因好奇、好玩把小玩具、豆粒、花生粒、果核、衣扣、玻璃球等细小物品塞入鼻孔，以防造成鼻腔异物堵塞。鼻腔异物如果没有被及时发现，时间一长就会引发鼻炎。发现鼻腔异物后不要硬往外抠，以免造成流鼻血和感染。一般对圆形异物，可尝试让幼儿用力擤鼻排出，方法是用手压迫没有异物一侧的鼻翼，然后闭嘴用力呼气，这样冲力就可以把异物喷出。如果异物较大，用这种方法不能排出或幼儿出现憋喘、脸色发青要及时就医，请医生帮助取出。

(3)牙齿的保护。

教导幼儿少吃甜食和零食，不吃过冷、过热、过硬的食物；教会幼儿正确的刷牙和漱口方法，养成早晚刷牙、饭后漱口的习惯；纠正幼儿咬手指甲、咬嘴唇、咬笔、用舌头舔牙等不良习惯。

(4)耳的保护。

教育幼儿不随便挖耳朵，以防划破耳道、鼓膜；不将异物塞入外耳道；防止异物进入耳朵，尤其是洗头水或洗澡水；如果是虫子进入耳朵里，不要惊慌乱掏，要及时向成人寻求帮助；听音乐或看电视时音量不可过大；放鞭炮、敲锣鼓或雨天打雷时，可用手捂住耳朵；不要让幼儿转圈奔跑，以防止因眩晕跌倒。

(5)嗓子的保护。

嗓子不好会造成说话、唱歌困难，使幼儿不愿与人交往，久而久之容易产生自卑感，形成孤僻性格，使心理发育受到阻碍，因而保教人员要有意识地保护幼儿的嗓子免受伤害，教给幼儿一些简单的保护方法。如让幼儿用自然的声音唱歌、讲话，不大喊大叫；养成良好的饮食卫生习惯，不吃刺激性大的食物，培养幼儿保护嗓子的意识。

3.保护自己的生殖器官

教育幼儿不要随意触摸自己的生殖器官以免引起感染。同时，要让幼儿知道保护好自己的身体，不论男孩还是女孩，隐私部位不能让他人看到，更不可以让他人触摸，以防他人借机伤害自己的身体。

4.保护自己的人身安全

首先，要让幼儿认识到社会上既有好人也有坏人，坏人并没有什么特殊的面孔；教育幼儿不要随意接触陌生人，更不要和陌生人独处；不要吃陌生人的东西，玩耍时不要远离家人，更不能跟陌生人走，如果遇到陌生人强行拉拽，要大声叫喊寻求帮助。其次，要让幼儿知道自己的家庭住址和家长的姓名、电话、工作单位，以及所上托幼园所等重要信息。万一迷路或者走失,可以借助这些信息比较容易找到自己的父母,安全回家。

二、幼儿安全自救教育

(一)日常危险

引导幼儿在日常生活中发现身边的安全隐患,知道哪些是安全的,哪些是危险的;使他们了解周围哪些事物可能对自己造成伤害,能够远离危险或做出相应的保护措施。如上下楼梯要有序慢行,不能你推我挤;门缝、抽屉、窗缝容易夹到手,要做到轻开轻关,时刻注意安全。

(二)火灾避险

(1)引导幼儿在发生火灾的时候保持冷静,听从成人的指挥,有序迅速地从逃生通道离开火灾现场。

(2)火灾烟气具有温度高、毒性大的特点,一旦吸入很容易引起呼吸系统烫伤或中毒,因此疏散时应组织幼儿用湿毛巾捂住口鼻,以起到降温及过滤的作用。

(3)发生火灾时,可在窗口、阳台或屋顶处向外大声呼救,白天应挥动颜色鲜艳的布条发出求救信号,晚上可打开手电筒或挥动白布条引起救援人员的注意。

(4)实在无路可逃时,可利用卫生间进行避难,用毛巾紧塞门缝,把水泼在地上降温,也可躺在放满水的浴缸里躲避。

(5)切勿钻到床底、阁楼、柜子等处避难,因为这些地方可燃物多且容易聚集烟气。

火灾避险演练

（三）地震逃生

地震的突发性往往使人措手不及，给逃生带来很大困难。在日常教学中，托幼园所需要为幼儿设计地震逃生预案，这样有助于培养幼儿的安全意识，提高他们的应急能力，在应对地震时，也才能最大限度地保障幼儿的生命安全。地震发生时，若幼儿在室内活动，应组织他们躲到桌子底下、洗手间或教室内侧的墙角，并且注意保护好头部，千万不能去窗下躲避，不能乘坐电梯。若正在室外活动，不要靠近楼房、树木、电线杆或其他任何可能倒塌的高大建筑物。若有可能，应尽快组织幼儿跑到空地上去，为避免因晃动失去平衡，应蹲下并用手护住头部，切勿躲在地窖、隧道或地下通道内，因为这些地方容易被震塌，因地震产生的碎石瓦砾也会填满或堵塞出口。

地震避险演练

实训任务

如果你是某幼儿园中班的保育员，请设计并模拟组织一个中班安全自救活动“摔伤了怎么办”。要求：小组合作，并把发现的问题记录下来。

实训评价

1.活动设计符合本班幼儿年龄特征。

2. 活动流程清晰。

3. 语言表达规范。

项目小结

《幼儿园工作规程》规定："幼儿园应当把安全教育融入一日生活，并定期组织开展多种形式的安全教育和事故预防演练。"幼儿时期的安全教育是安全启蒙教育，托幼园所安全教育包括针对幼儿进行的有目的、有计划、有组织的安全自我保护与自救教育活动，培养幼儿的安全意识，使幼儿掌握必要的安全知识和技能，培养正确应对日常生活中突发安全事件的能力，最大限度地预防安全事故的发生和减少安全事故对幼儿的伤害，保障幼儿健康成长。只有通过全面、系统、科学的教育，才能使幼儿具备初步的安全意识和自我保护能力，为幼儿的健康成长奠定坚实的基础。

直通赛证

选择题

1. 制订幼儿安全教育目标的依据是（　　）。

A. 相关法律法规　　B. 幼儿的年龄特点

C. 上级领导的要求　　D. 家长的要求

2.《3—6 岁儿童学习与发展指南》规定 3—4 岁幼儿应具备（　　）的安全知识和自我保护能力。

A. 在提醒下能注意安全，不做危险的事

B. 认识常见的安全标志，能遵守交通规则

C. 运动时能主动躲避危险，知道简单的求助方式

D. 未经大人允许不给陌生人开门

3. 幼儿安全教育内容的选择需要（　　）。

A. 符合幼儿安全教育的目标　　B. 符合上级领导的要求

C. 符合专家的要求　　D. 贴近幼儿生活实际

4. 幼儿安全教育的内容有（　　）。

A. 玩具安全教育　　B. 交通安全教育

C. 食品安全教育　　D. 预防传染病安全教育

5.幼儿安全教育的途径有(　　)。

A.集体安全教学活动　　B.安全演练

C.日常生活中的安全教育　　D.五大领域活动中整合的安全教育

6.日常生活中的安全教育包括在(　　)等环节。

A.喝水　　B.吃饭　　C.盥洗　　D.睡觉

7.幼儿安全教育的资源包括(　　)。

A.托幼园所资源　　B.家庭资源　　C.社会资源　　D.政府资源

8.保护自己的人身安全教育包括(　　)。

A.知道自己的家庭住址　　B.知道家长的姓名、电话和工作单位

C.不跟陌生人走　　D.不吃陌生人的东西

9.幼儿自我保护教育的内容有(　　)。

A.疾病的防范　　B.意外事故的防范

C.天气变化的防范　　D.危险的防范

实践实训

如果你是幼儿园小班的保育员,请你设计并模拟组织一个小班幼儿自我保护安全教育活动——我不跟陌生人走。要求:小组合作并模拟实施。

项目评价

主题	内容	优秀	良好	一般	较差	很差
学习态度	能准时参加全部课程,按时提交作业,及时查阅教师上传的学习材料	5	4	3	2	1
专业知识	了解幼儿安全教育的目标、内容,掌握托幼园所安全教育的途径与方法	5	4	3	2	1
研讨精神	积极参与讨论,对其他人的发言能提出合理的分析和见解	5	4	3	2	1
团队协作	能很好地融入课堂小组讨论,共同推进学习进程	5	4	3	2	1
沟通交流	能够清晰准确地表达自己的观点,与他人交流时态度语气恰当	5	4	3	2	1
人文素养	能够关注安全教育人文知识,有意识地培养职业人文精神	5	4	3	2	1

续表

主题	内容	优秀	良好	一般	较差	很差
信息素养	会检索幼儿安全教育相关法律法规、政策文件，主动了解行业发展动态	5	4	3	2	1
实践应用	能通过合适的途径和方法组织开展幼儿安全教育活动	5	4	3	2	1
自我小结						

项目三

认识幼儿安全照护的内容与要求

学习目标

知识目标

1. 了解托幼园所幼儿日常活动中存在的安全风险。
2. 理解幼儿在园所各类活动中安全照护的要求。
3. 掌握发育障碍特殊幼儿的辨识与照护要点。

能力目标

1. 能按照流程排除各项活动中的安全隐患。
2. 能在保育工作中对幼儿进行安全照护。

职业素养目标

1. 加强关爱幼儿健康、保护幼儿安全的责任感。
2. 增强以幼儿为主体的安全照护意识。

学习重难点

学习重点

1. 托幼园所的幼儿日常活动中存在的安全风险。
2. 幼儿在园所各类活动中安全照护的要求。

学习难点

1. 按照流程排除各项活动中的安全隐患。
2. 在保育工作中对幼儿进行安全照护。

思维导图

- 认识幼儿安全照护的内容与要求
  - 入园所、离园所的安全照护
    - 入园所的安全照护
    - 离园所的安全照护
  - 进餐的安全照护
    - 进餐中的安全隐患
    - 应对措施
  - 如厕、盥洗、饮水的安全照护
    - 如厕、盥洗、饮水中的安全隐患
    - 应对措施
  - 睡眠的安全照护
    - 睡眠中的安全隐患
    - 应对措施
  - 集体活动中的安全照护
    - 集体活动中的安全隐患
    - 应对措施
  - 区域活动中的安全照护
    - 区域活动中的安全隐患
    - 应对措施
  - 户外活动中的安全照护
    - 户外活动中的安全隐患
    - 应对措施
  - 大型活动中的安全照护
    - 园所内大型活动中的安全隐患
      - 应对措施
    - 园所外大型活动中的安全隐患
      - 应对措施
  - 发育障碍特殊幼儿的安全照护
    - 了解发育障碍特殊幼儿
    - 发育障碍特殊幼儿的早发现
    - 发育障碍特殊幼儿的安全照护

任务一

入园所、离园所的安全照护

任务目标

1.熟悉幼儿入园所、离园所的工作流程及规范，明确幼儿入园所、离园所环节的安全隐患及应对措施。

2.能模拟安全照护幼儿的行为和语言。

工作表单

工作表单1

案例分析

小学二年级的哥哥放学后到幼儿园接小班的妹妹回家，原因是他们的爸爸妈妈没时间接妹妹，让哥哥把妹妹接回家。

分析：上述案例中存在哪些安全隐患？

工作表单2

思考总结

思考:幼儿入园所、离园所活动中存在哪些安全隐患?有哪些应对措施?

工作表单3

小组讨论

模拟组织入园所环节,排除入园所安全隐患,对幼儿进行安全照护。要求:小组合作讨论方案、完成模拟过程,并把发现的问题写下来。

学习支持

一、入园所的安全照护

（一）入园所活动中可能存在的安全隐患

1. 幼儿走失

幼儿走失是托幼园所极大的安全事故，应杜绝该类事件发生。早晨入园时人员杂，有些家长将孩子送到大门口就匆忙离开，并未将孩子交给班级保教人员，托幼园所没有接到孩子，又未联系家长询问，或者托幼园所安全管理不到位，幼儿独自离开托幼园所却无人发现均可造成幼儿走失。由于幼儿自我保护能力较弱，一旦走失并发生意外，将给家庭带来沉重的打击和极大的痛苦，对幼儿自身也会产生无法弥补的身心伤害。

2. 幼儿接触到危险物品造成的伤害

常见的危险物品造成的伤害包括：

（1）托幼园所设施设备检查不到位，特别是插座、剪刀、消毒液等常用物品管理不规范，可能导致幼儿摆弄造成伤害。

（2）由于幼儿缺乏生活经验和安全常识，好奇心强，携带危险物品入园，如小刀、豆子、玻璃球等都存在极大的安全隐患。

（3）托幼园所环境安全隐患。托幼园所地面打扫不彻底，有水渍残留，幼儿容易滑倒；活动室内的用具摆放不合理、障碍物多，不便于幼儿活动，容易因拥挤发生意外；活动室内的柜子、材料等存在质量安全隐患，幼儿在使用时容易发生意外伤害。

3. 幼儿用药交代不明

幼儿在园所期间用药必须严格遵守保健室的统一管理要求，严格按照准入机制执行，必须清晰填写用药单，写清楚姓名、时间、次数、用药量等信息，避免引发误服事故。经保健医生审核同意后，家长把药物与用药单一起交给保教人员，保教人员要妥善保管药物，按时按量指导幼儿服用，并做好服用观察，不可让其他幼儿误服。需要特别提醒的是，作为保教人员，不能私自与家长进行幼儿用药的交涉，以免发生意外。

4.偶发伤害事故

在幼儿集中入园所的时段，有些家长没有把孩子交给保教人员，有些家长和保教人员进行长时间交流，导致保教人员无法关注幼儿，这些情况容易引发意外伤害事故。同时如果保教人员在入园环节分工不明确，也容易造成个别幼儿被忽视，进而出现安全漏洞。

（二）应对措施

1.预防幼儿走失

（1）签订家园安全管理协议，要求家长必须将幼儿交给班级保教人员，确认后才能离开。

（2）做好幼儿考勤工作，严格执行入园签到制度，清点班级应到、实到人数。保教人员应勤点名，对于缺勤幼儿应及时联系家长了解清楚原因。同时，必须保证幼儿在自己的视线范围内活动。如有特殊情况离开岗位，一定要做好交接工作，交接过程应细致明了。

（3）一旦发现幼儿走失，应立即向园所领导汇报，第一时间告知家长，并请警方协助寻找。

（4）开展安全教育活动，如防走失、防拐骗的安全教育与演练，增强幼儿自我保护意识，提高其自我保护能力。让幼儿记住自己所在园所的名称、家长的电话、家庭住址，教育其不单独外出，不跟陌生人说话，不吃陌生人给的食品，更不能跟陌生人走，重点强调遇到紧急情况时要向警察、托幼园所等有可靠保证的个人或单位求助。

（5）要求家长告知孩子回家路线、牢记家人的电话号码及求助电话，如果接送时段和家长走散，应如何求助、寻找什么样的人提供帮助等。

2.预防幼儿接触危险物品

（1）加强对园所设施设备的安全排查，严格规范管理各类存在安全隐患的物品。

（2）制订托幼园所晨检安全管理制度，严格落实对幼儿所携带物品的安全检查。

（3）严格落实晨检制度，检查幼儿是否携带不安全物品，如果幼儿携带园所规定禁止携带的危险物品，要与家长及时沟通。

（4）保教人员应提醒家长在送幼儿来园所路上时刻关注他们，如携带了捡拾的物品（如小果子、小珠子、小石子等），要在入园所前及时处理掉。

(5)开展安全教育,培养幼儿的安全行为习惯;提醒家长妥善保管家中可能存在安全隐患的物品,以防幼儿碰触。

(6)保教人员可以通过与幼儿拥抱接触,检查幼儿衣袋中有无尖锐物等危险物品。

(7)指导家长遵守园所的晨检制度,入园所时必须带幼儿参加晨检。

3.预防托幼园所环境安全隐患

(1)及时清扫地面积水、油污,以防幼儿滑倒摔伤。

(2)经常对活动室材料进行安全检查,如:小型玩具是否有损坏、裂缝、棱角带刺等;大型活动材料是否有螺帽松动脱落、绳索磨损、金属架生锈断裂等现象,及时排除安全隐患。

(3)避免使用体积过小、锐利或带有毒性的玩具材料,避免异物入体等意外伤害。

(4)合理摆放室内用具,保证活动室宽敞明亮,以免因拥挤发生意外。

(5)开展安全教育,如引导幼儿轮流当“安全监督小标兵”,让幼儿互相监督,学会自我管理、自我保护。

4.预防幼儿用药交代不明

(1)制订托幼园所患病幼儿用药委托交接规则,确保幼儿用药安全。

(2)核实家长填写的委托用药登记表,并核对药品。药品必须妥善保管在幼儿拿不到的地方。

(3)严格执行园所规定的幼儿用药要求,保教人员不私自与家长进行幼儿用药的交涉。

(4)给幼儿用药前,必须仔细核对委托登记表上幼儿的姓名、药品名称、服用剂量和时间、服用方法,并监督幼儿服药过程,服用后立即准确记录。

(5)全天对服药幼儿密切观察,离园时向家长详细介绍情况。

(6)提醒家长主动、如实向保教人员和保健医生报告幼儿身体不适的情况,必要时可查看处方。

(7)开展安全教育,培养幼儿良好的安全行为习惯,以免误服药品。

5.预防偶发伤害事故

(1)托幼园所将保教人员、家长在入园时段的安全职责进行公示,明确各自的安全责任。

(2)班级保教人员合理分工,明确责任与工作要点,共同管理照护幼儿。

(3)加强室内安全教育,如可以引导幼儿轮流当"小小安全监督员",让幼儿互相监督,学会自我管理、自我保护。

(4)组织提前入园的幼儿自愿有序地进入活动区活动,提供材料、创设活动环境,或组织幼儿开展观察、值日、自主活动等,避免消极等待。

二、离园所的安全照护

离园活动是园所一天生活中的最后一个环节,是幼儿一日生活的结束。由于马上要回家,幼儿的身心处于放松状态,又因为马上要结束工作,保教老师也往往处于放松状态,但事实上,该环节存在许多安全隐患,稍有疏忽,可能导致不良后果。另外,这一阶段存在许多教育契机,保教人员应高度重视离园所时的安全教育工作,它会带来许多意想不到的教育效果。

(一)离园所活动中可能存在的安全隐患

1.幼儿走失、被冒领

幼儿走失、被冒领时有发生,这主要是托幼园所规章制度不完善、家长与保教人员交接不到位、家长安全意识淡薄等造成的,所以需要托幼园所、保教人员、家长三方共同重视。

2.摔伤、撞伤、碰伤等意外伤害

离园所环节,幼儿容易发生摔伤、撞伤、碰伤等意外伤害。其原因主要有三点:一是幼儿内心充满期待,情绪变得躁动不安;二是保教人员与家长交接不到位,出现安全漏洞;三是家长监管缺失,安全意识淡薄,放任孩子嬉戏等。容易发生安全事故的地方有楼梯口、操场、大型体育器械场等。

(二)应对措施

1.托幼园所的应对措施

(1)制订一日生活各环节安全管理制度,要求保教人员、家长严格执行,以确保幼儿安全。

(2)加强门卫管理,增强安保人员的责任心,严防幼儿私自离园。

(3)加强安全意识教育,要求保教人员签署安全目标责任书,严格落实托幼园所安全检查制度,以确保幼儿接送安全。

(4)要求家长持接送卡接送幼儿,如果遇到陌生人接幼儿,必须通过电话或者视频确认后才能接走幼儿,严防幼儿错接或走失。

(5)落实离园所环节体育器械的管理制度,要在大型玩具器械旁设立安全提示标志、游戏规则,严防幼儿因拥挤、争抢等造成意外伤害事故。

(6)定期对体育运动场地、大型玩具、体育设施器材进行检查,一旦发现安全隐患,立即进行整改。

2.保教人员的应对措施

(1)严格执行离园所环节安全管理制度,规范行为,明确职责,确保幼儿在离园所时段的安全。

(2)幼儿离园所时,保教人员要分工明确,监管好幼儿,以免幼儿处于游离状态,杜绝离园期间幼儿打架、摔伤等安全事故发生。

(3)严格执行托幼园所的接送制度,保教人员必须与持接送卡的家长交接,严防幼儿被接错。保教人员要警惕有人通过非正常途径获得接送卡后混进托幼园所冒领、骗领幼儿。对非固定接送者,保教人员要及时与原固定接送者取得联系,得到许可后方能让其接走幼儿。

(4)建立班级离园所常规,有序组织幼儿离园所,引导家长及幼儿自觉遵守制度。

(5)离园所时,保教人员与家长的交流时间不能过长,以免因监管不周而造成幼儿磕伤、摔伤等安全事故。

(6)离园所时要注意清点人数,检查幼儿的衣着,观察幼儿的精神状态有无异常。

(7)家长接完幼儿后,保教人员要检查活动室、盥洗室及休息室等,确保没有幼儿滞留后方可锁门离开。

(8)提醒家长配合托幼园所做好离园环节的安全防护工作,在规定的时间带幼儿离园所,并保持自己的视线时刻不离开幼儿。

(9)开展安全教育,引导幼儿自觉遵守规章制度,培养良好的安全行为习惯;让幼儿记住家庭住址、幼儿园名称、父母姓名和联系电话,知道自己遇到危险时,如何有效求救。

实训任务

选择如下情境之一，说出问题的解决方案并模拟实施。

1.早上保教人员清点人数，发现丁丁没有到班。

2.离园时，保教人员发现一陌生女子接西西，而平时都是她妈妈接送。

实训评价

1.能按照一日保育工作流程关注安全隐患。

2.在模拟解决问题的过程中，讲述的依据和处理方法周全。

3.语言表达清晰，模拟过程规范。

推荐阅读

扫描二维码，进行拓展阅读。

任务二

进餐的安全照护

任务目标

1. 熟悉幼儿进餐过程中的安全隐患类型。

2. 能按照流程排除进餐过程中的安全隐患,对幼儿进行安全照护。

工作表单

工作表单 1

案例分析

进餐时,小一班的多个幼儿在大声说笑并用餐具打闹。

请分析案例中存在的安全隐患。

工作表单2

思考总结

思考:进餐活动中存在哪些安全隐患?有哪些应对措施?

工作表单3

小组讨论

分小组讨论并模拟组织幼儿进餐环节,按流程排除进餐安全隐患,对幼儿进行安全照护。要求:小组合作完成任务,并把发现的问题写下来。

学习支持

一、进餐中的安全隐患

（一）异物卡喉或扎伤咽部

在进餐过程中，若幼儿受到逗引、恐吓，或情绪不佳哭闹等，都容易误将食物吸入气管，引起窒息；进餐结束后，若幼儿未将口中最后一口饭菜咽下，含在嘴里睡觉，易发生窒息现象；幼儿吃排骨、鱼肉时，容易出现骨头渣、鱼刺扎伤咽部的现象。

（二）烫伤

若保育员没有遵守规范，将热饭、热菜、热汤随意摆放，幼儿可能因为接触导致烫伤。

（三）餐具使用不当造成划伤、戳伤

进餐过程中，如果幼儿将餐具当玩具，容易导致被餐具划伤、戳伤，如勺柄扎伤眼睛、戳进食道等。

（四）食物过敏或中毒

夏秋季多发细菌性食物中毒事件，冬春季多发肉毒毒素中毒事件等，针对不同中毒的高发季节，应提高警惕，进行针对性防范。对于特殊体质幼儿，一定要多加留意，避免因疏忽发生安全事故。

（五）地面湿滑

保育人员在分发饭菜或幼儿在端汤的过程中，不小心将其倒在地面上，且地面未被及时清理，幼儿可能在湿滑的地面上滑倒，导致摔伤。

二、应对措施

（一）托幼园所的应对措施

（1）认真贯彻执行《中华人民共和国食品安全法》等，制订进餐环节安全管理制度、进餐环节操作流程等。

（2）加强保教人员关于有效组织幼儿进餐的培训，让保教人员充分认识到培养幼儿有序进餐、安静进餐、卫生进餐等良好习惯的重要性。

（3）规范办园，加强管理，防范危机。加强对从业人员法律知识、卫生知识、卫生操作技能的培训和指导，强化卫生管理意识、规范操作程序，杜绝食物中毒事件的发生，确保幼儿饮食卫生安全。

（二）保教人员的应对措施

（1）餐前、餐后半小时不组织易兴奋、活动量大的活动，进餐前及进餐过程中播放舒缓、轻柔的音乐，帮助幼儿安静下来，保持愉悦的情绪。

（2）进餐前后保教人员不处理幼儿间发生的问题，以免影响幼儿的情绪，进餐中不催饭。

（3）饭菜进班后，保教人员要检查饭菜温度是否适宜，确保热源不进班，做到五温（饭、菜、汤、水、点心温度适宜）进班。

（4）保教人员为幼儿添饭添菜时，禁止从幼儿头顶、身体上方传递，取回盛放饭菜的餐具后，要放到安全地点，以免幼儿接触。

（5）幼儿进餐时，保教人员须时刻巡视观察，提醒幼儿细嚼慢咽、嘴里不含饭、不嬉笑打闹和大声说话。

（6）幼儿吃鱼肉或其他带骨头的肉时，保教人员要教会幼儿去除鱼刺、骨头的方法，防止食用的时候扎伤咽部。

（7）引导幼儿正确使用餐具，不能将餐具指向别人，不能将勺子、筷子置于口中玩耍。

（8）关注食品过敏幼儿，把食品过敏幼儿的名单、过敏食物表张贴在班内，进餐前对照调整。

（9）进餐结束后，要让每名幼儿将口中的最后一口饭菜咽下后才能离开餐桌。

实训任务

在一次幼儿园午餐时间，3岁的茵茵因食物卡喉而表现出呼吸困难。请小组合作设计急救方案，并模拟急救过程。

实训评价

1. 急救技能熟练、操作规范。
2. 针对紧急情况的决策迅速、果断。
3. 团队成员间配合默契,信息传递效率高。

任务三

如厕、盥洗、饮水的安全照护

任务目标

1. 了解幼儿如厕、盥洗、饮水环节存在的安全隐患，熟悉这些环节的安全照护流程。

2. 能按照流程排除如厕、盥洗、饮水环节的安全隐患，对幼儿进行安全照护。

工作表单

工作表单 1

案例分析

一天，保育员用完消毒液后，忘记放回柜子里，将其摆在了洗手台上。3岁的丁丁洗手时看到消毒液瓶子以为是饮料，拿起瓶子就要喝，幸亏保育员及时看到，制止了丁丁。

分析案例中存在的安全隐患。

工作表单2

思考总结

思考:幼儿如厕、盥洗、饮水环节存在哪些安全隐患?有哪些应对措施?

工作表单3

小组讨论

小组讨论并模拟幼儿如厕、盥洗、饮水环节安全隐患排除过程,并对幼儿进行安全照护。要求:小组合作模拟实施,并把发现的问题写下来。

学习支持

一、如厕、盥洗、饮水中的安全隐患

(一)推挤、打闹导致磕伤

盥洗室空间狭小,幼儿需要轮流使用。如果管理不当,容易发生推挤、打闹现象,导致幼儿受伤。

(二)烫伤

幼儿饮水、洗手时存在烫伤的风险。如果水龙头流出的水温度没有经过调控,幼儿饮水或洗手时就有可能发生烫伤事故。

(三)地面湿滑引发跌倒摔伤

幼儿洗手时容易把水溅到地面上,走动时容易滑倒摔伤。

(四)其他安全隐患

清洁用品没有放在指定的地方或没有上锁,易发生被打翻或幼儿误食的情况。清洁工具没有放在固定的柜子里或固定的地方,幼儿可能被绊倒。

二、应对措施

(一)预防推挤、打闹导致磕伤

(1)根据水龙头的数量采取分组的方式安排幼儿洗手,确保盥洗室内不拥挤。

(2)在水池前的地面上做标记控制线,提示幼儿等候时不要拥挤。

(3)开展安全教育,培养幼儿安全行为习惯,提醒幼儿不争抢、不打闹。

(4)组织幼儿如厕、洗手时,保教人员要站在盥洗室、卫生间适当位置,确保既能看到盥洗室内的幼儿,也能看到如厕的幼儿,做到"放手不放眼"。

(二)预防烫伤

(1)每天为幼儿准备温度适宜的饮用水。

(2)每天检查并调整好洗手池内热水的温度,以免幼儿在洗手过程中被烫伤。

(3)开展安全教育,增强幼儿的自我保护能力。

(三)预防摔倒引发安全事故

(1)开展安全教育,对嬉戏、打闹、拿着杯子乱跑的幼儿给予教育指导,表扬幼儿有序等待以及在固定的区域安静喝水等良好行为。

(2)及时擦拭、整理饮水区域,保持区域内干燥和整洁。特别是在幼儿喝水前,应检查饮水区域地面是否干燥,为幼儿喝水提供安全环境。

(3)幼儿不小心洒水在地面,应及时擦拭地面,避免幼儿因此滑倒摔伤。

(4)将水龙头的出水量调至适中并及时擦地,时刻保持盥洗室地面干燥。

(5)人数过多时,保教人员要引导幼儿分组活动,避免摔倒。

实训任务

针对以下情境中的问题,提出解决方案并模拟实施。

1.幼儿饮水过程中,保育员发现秩序混乱。

2.幼儿如厕过程中,保育员发现地面湿滑。

实训评价

1.能按照饮水、如厕环节保育工作要求关注安全隐患。

2.在模拟饮水、如厕安全照护中,讲述的依据清晰,处理的方法周全。

3.语言表达清晰,模拟过程规范。

任务四

睡眠的安全照护

任务目标

1. 了解幼儿睡眠活动中存在的安全隐患，熟悉安全照护流程。

2. 能按照流程排除幼儿睡眠活动中的安全隐患，对幼儿进行安全照护。

工作表单

工作表单1

案例分析

午睡时间，东东躺在床上睡不着，不知道从哪儿摸到一粒豆子，便把豆子塞进自己的鼻孔里，结果无论如何都取不出来。保育员发现异常后，立即将他送往附近医院，避免了更严重的伤害。

请分析类似案例中存在的安全隐患。

工作表单2

思考总结

思考:幼儿睡眠环节存在哪些安全隐患?有哪些应对措施?

工作表单3

小组讨论

小组讨论并模拟组织幼儿冬季睡眠环节排除安全隐患的过程,对幼儿进行安全照护。要求:小组合作,并把发现的问题写下来。

学习支持

一、睡眠中的安全隐患

(一)坠床摔伤

午睡环节是培养幼儿自理能力的良好时机,但如果保教人员管理不到位,导致幼儿在床上蹦跳、打闹等,则极易引发坠床摔伤、碰撞等事故,造成严重的后果。

(二)危险物品引发伤害

如果幼儿携带细小物品上床,容易发生异物入体等伤害。有些幼儿睡觉时会将一些小的玩具物品带上床,如将头上的皮筋缠绕在手指上,或将小物件放在口、鼻、耳中等,这些都会成为幼儿睡眠时的安全隐患。

(三)不正确的睡姿可能导致幼儿窒息

若幼儿采取不正确的睡姿(如蒙头睡),且保教人员没有及时提醒并调整,则很可能导致幼儿窒息。

(四)突发疾病引发幼儿生命危险

保教人员须具备高度的安全意识,对一些特殊体质幼儿或需要服药、身体不适的幼儿给予特别关注。在午睡期间,有的保教人员认为幼儿睡着了,不存在危险。而这个时候如果疏忽,容易忽视异常情况,尤其是有高热惊厥史的幼儿,容易惊厥发生意外,保教人员应特别引起重视。

(五)管理漏洞导致安全隐患

保教人员巡查不认真,甚至脱离岗位,导致幼儿的安全隐患无法得到及时有效的处理,造成一定的伤害。

二、应对措施

(一)托幼园所的应对措施

(1)制订午睡环节安全管理制度,明确保教人员在幼儿午睡环节的职责与任务,杜绝安全事故的发生。

（2）制订科学、合理的托幼园所午睡环节照护流程，确保保教人员能够规范操作，提升保教人员预测和防范安全隐患的能力。

（3）加强对保教人员的管理，严防保教人员脱岗、离岗，杜绝幼儿意外伤害的发生。

（4）在床的周围铺设比较软的地毯或泡沫垫等，即便幼儿不慎坠床，也能降低伤害程度。

（二）保教人员的应对措施

（1）根据幼儿的实际情况，制订幼儿午睡环节常规要求，培养幼儿良好的午睡习惯。

（2）在午睡前，必须检查幼儿身上是否携带小玩具等物品，及时排除安全隐患。

（3）幼儿午睡时，保教人员须进行多次检查，做到“一听、二看、三摸、四做”。一听幼儿的呼吸是否正常；二看幼儿的神态，一旦发现异常及时处理；三摸幼儿的体温，观察有无发热等异常情况；四做是为踢被子的幼儿盖好被子，防止幼儿感冒。保教人员要关注细节，提高警惕，做到防患于未然。

（4）加强对幼儿午睡环节的安全教育，通过多种方式培养幼儿良好的午睡习惯。保教人员要纠正幼儿不正确的睡姿，帮助幼儿养成良好的睡眠习惯，有效预防安全事故的发生。

（5）保教人员要掌握简单的安全事故处理方法。幼儿坠床后，要紧急照护，但切忌动作过猛造成二次伤害；观察幼儿是否大哭，是否有呕吐、昏迷等症状；检查幼儿头部是否受伤，有无肿块或流血，如有需要，应及时冰敷幼儿的受伤部位，以缓解幼儿的疼痛；检查幼儿四肢的活动情况，若无异常，可以让幼儿通过玩玩具进一步观察。如果幼儿手脚不能动并伴有疼痛，可能是骨折或脱臼，应立即带幼儿到保健室检查；如果幼儿的皮肤划破，保教人员应及时进行消毒处理；若幼儿呕吐，应立即呼叫救护车，并让幼儿侧躺以防呕吐物堵塞气道；当幼儿出现无意识、持续呕吐、痉挛等症状时，要尽快送医治疗。

（6）保教人员要提升自身的管理和组织能力，高效组织和合理安排午睡，让幼儿远离伤害。

（7）保教人员在幼儿午睡环节要坚守岗位，不能脱岗或聊天。如果中途有特殊情况需要暂时离开，可通过园内协调，安排本班的其他教师暂为看管，严禁交由其他外班教师看管。在暂时交给其他教师看管时,一定要把需要重点看护的幼儿进行特别说明。

(8)家园合作,与家长共同制订切实可行的方案,培养幼儿良好的午睡习惯,提醒家长及时主动向保教人员报告幼儿身体已经存在的不适等。

实训任务

1. 分小组模拟组织幼儿午睡活动,对幼儿进行安全照护。
2. 丁丁起床时不小心摔下床,说出解决方案并模拟实施。

实训评价

1. 能按照午睡流程,关注安全隐患。
2. 在模拟午睡的安全照护中,讲述的依据清晰,处理的方法周全。
3. 小组合作良好,模拟过程规范。

任务五

集体活动中的安全照护

任务目标

1. 了解幼儿集体活动中存在的安全隐患，熟悉集体活动中安全照护流程。

2. 能按照流程排除幼儿集体活动中的安全隐患，对幼儿进行安全照护。

工作表单

工作表单 1

案例分析

集体活动时，丁丁异常兴奋，他时而来回走动，时而拿小棒戳其他幼儿，张老师非常生气，于是把丁丁拖拽到卫生间罚站。

请分析案例中存在的安全隐患。

工作表单2

思考总结

思考:幼儿集体活动环节存在哪些安全隐患?有哪些应对措施?

工作表单3

小组讨论

小组讨论并模拟组织一个幼儿集体活动,排除安全隐患,对幼儿进行安全照护。要求:小组合作,并把发现的问题写下来。

学习支持

一、集体活动中的安全隐患

(一)保教人员教育行为不当导致安全事故

户外活动中,如果保教人员教育行为不当,如做出体罚、推、拉、拖等极端行为,不仅会对幼儿身体造成伤害,也会对幼儿心理产生不良影响,很容易造成安全事故。

(二)使用不安全的玩教具导致安全隐患

使用有毒、有害、不卫生的材料制作玩教具,或本身存在安全隐患的不适合在教学中使用的玩教具,都有导致安全事故的风险。

(三)玩教具使用方法不当引发安全事故

玩教具使用过程中可能存在安全隐患,比如剪刀、铅笔、图钉等,如果使用方法不当,疏于管理,极易引发危险。

(四)组织管理不当、秩序混乱造成安全隐患

场地狭小、活动时间过长、幼儿脱离保教人员视线、活动秩序混乱等都会引发安全事故。

二、应对措施

(一)托幼园所的应对措施

(1)制订集体活动安全管理制度,让保教人员熟知集体活动中存在的安全隐患。

(2)制订集体活动安全操作规范,让保教人员有章可循,避免安全事故的发生。

(二)保教人员的应对措施

(1)根据本班的实际情况,制订集体教育活动常规要求,充分考虑集体教育活动中可能出现的安全问题。

(2)保教人员要密切合作,培养幼儿的良好习惯,在集体活动的各个环节加强对幼儿的安全教育,着力提升幼儿的自我保护能力、安全应变技能,促使幼儿养成良好的行为习惯。

(3)给幼儿创造良好的活动环境,确保桌子、椅子、柜子等无安全隐患,随时关注幼儿动态,保障幼儿的安全。

(4)提高组织教学等能力,准备好场地与材料,充分考虑活动中的安全隐患,做好应对的准备,熟练掌握处理突发事件的技能。

(5)尊重幼儿的个体差异,努力满足幼儿在集体活动中的不同需求;关注幼儿的身心健康,特别是对受到惊吓的幼儿要及时进行安抚和引导,消除幼儿的心理障碍。

实训任务

模拟组织一个"春日好时光之播种"集体活动,排除其中可能存在的安全隐患,对幼儿进行安全照护。

实训评价

1. 能组织集体活动,并按要求排除安全隐患。
2. 安全照护要点明确,讲述的依据清晰,处理的方法周全。
3. 小组合作良好,语言表达清晰,模拟过程规范。

任务六

区域活动中的安全照护

任务目标

1. 了解幼儿区域活动中存在的安全隐患，熟悉区域活动的安全照护流程。

2. 能按照流程排除区域活动中的安全隐患，对幼儿进行安全照护。

工作表单

工作表单1

案例分析

区域活动时，有的区域材料较多，显得拥挤，有的区域材料稀缺，幼儿不够使用。

请分析案例中存在的安全隐患。

工作表单2

思考总结

思考:幼儿区域活动环节存在哪些安全隐患?有哪些应对措施?

工作表单3

小组讨论

小组讨论并模拟组织幼儿建构区活动,排除安全隐患,对幼儿进行安全照护。要求:小组合作,并把发现的问题写下来。

学习支持

一、区域活动中的安全隐患

（一）区域活动材料隐藏的安全隐患

区域活动材料的安全隐患主要体现在以下几个方面：材料存在尖锐边角；材料零件易于拆卸；材料数量不够，易引发争抢；幼儿在使用材料时，可能发生异物卡喉、入鼻、入耳等危险情况。

（二）活动区域布局不合理隐藏的安全隐患

过于拥挤、秩序混乱，易造成绊倒、摔伤、磕伤等事故。如幼儿注意力集中的时间短，在某个区域游戏一段时间以后，会更换活动区域或其他游戏材料，如果区域活动空间太小，安排不适宜，分隔物不牢固，或各区域间布局不合理，未留有足够的安全通道，容易发生绊倒、摔伤、磕伤等事故。

（三）保教人员分工、组织管理不当，造成安全死角

活动过程中，保教人员要合理安排每个区域的幼儿数量，给幼儿充分的活动空间。同时保教人员之间要明确分工，掌握每个幼儿的情况，确保每个幼儿都在自己的视野范围之内。保教人员要扮演好活动的参与者、指导者及秩序维护者的角色，及时发现并有效制止幼儿的各种危险行为。

（四）活动中幼儿产生矛盾冲突，造成人身伤害

在活动中幼儿往往会因为争抢材料、意见分歧等产生冲突，因此保教人员要时刻关注幼儿在进行区域游戏时的状态，避免幼儿间发生互相伤害。

二、应对措施

（一）托幼园所的应对措施

（1）制订区域活动安全操作规程，明确保教人员在进行区域活动教学时的操作流程及方法，从而避免安全事故的发生。

(2)组织保教人员培训、观摩评比、专题研讨、实践探究等活动,提高保教人员指导区域活动的技能和预测区域活动中安全隐患的能力。

(3)根据托幼园所设施及玩具的配备标准,配置安全、适宜的桌椅、玩具柜等。配置玩具时,应挑选三证齐全的,仔细检查使用说明是否齐全,主要材质或成分、执行标准代号、适用年龄范围和安全警示是否明确等。玩具内部填充物应手感柔软、富有弹性、安全无异味;玩具外部应无毛边、手感光滑,玩具上的小零件,如眼睛、鼻子、嘴巴和小铃铛等饰物应结实、牢固,确保不易脱落。

(4)做好区域活动空间及玩具材料的消毒工作,保障幼儿的安全。

(二)保教人员的应对措施

(1)科学合理地设置区域,将安静和喧闹的区域分开,做到分布科学、结构合理,同时注意排除安全隐患。

(2)投放的材料必须是安全的。首先,选用的材料须符合卫生标准,易于清洗和消毒,不易污染,没有毒性;其次,选用的材料要符合操作安全要求,对幼儿的身心发展有益。此外,要定期消毒,保持活动区域的清洁卫生。

(3)事先对安全隐患进行全面估计,以预防为主,确保幼儿时刻在自己的视线范围之内活动;利用主题教育活动,加强对幼儿的安全教育,告诫幼儿不能将区域内的材料放进嘴、耳、鼻等部位,以防安全事故的发生。

(4)建立班级区域活动规章,引导幼儿遵守规则,有序地进行活动。区域活动中幼儿之间容易发生争执,保教人员必要时应及时介入,有效化解幼儿之间的矛盾,避免安全事故的发生。

(5)加强幼儿的文明礼仪教育。在区域活动中,引导幼儿使用礼貌用语,降低幼儿之间发生冲突的可能性。

(6)常与家长沟通,及时了解幼儿的性格特点及成长情况,以便遇到问题时能迅速、有效地采取适当的措施,妥善处理幼儿遇到的安全问题。

实训任务

模拟组织幼儿创意手工区活动,排除其中可能存在的安全隐患,对幼儿进行安全照护。

实训评价

1. 能组织幼儿区域活动，并按要求排除安全隐患。
2. 安全照护要点明确，讲述的依据清晰，处理的方法周全。
3. 小组合作默契，语言表达清晰，模拟过程规范。

任务七

户外活动中的安全照护

任务目标

1. 了解幼儿户外活动中存在的安全隐患，熟悉户外活动安全照护流程。

2. 能按照流程排除户外活动中的安全隐患，对幼儿进行安全照护。

工作表单

工作表单 1

案例分析

户外活动时，幼儿们很兴奋，他们相互追逐打闹。丁丁不小心摔了一跤，手被地上的玻璃碴划伤了。

分析案例中存在的安全隐患，说明保教人员和幼儿应怎样做才能避免安全隐患。

工作表单2

思考总结

思考:幼儿户外活动中存在哪些安全隐患?有哪些应对措施?

工作表单3

小组讨论

小组讨论并模拟组织一个幼儿户外体育活动,排除安全隐患,对幼儿进行安全照护。要求:小组合作,并把发现的问题写下来。

学习支持

一、户外活动中的安全隐患

(一)户外活动场地、设施存在的安全隐患

一是活动场地地面不平整,有碎石、玻璃碎片等危险物品;二是户外活动场地摆放的物品、设施、设备等存在安全隐患。

设施设备存在的安全隐患主要有:

(1)滑滑梯的时候,有些幼儿为寻求刺激,喜欢尝试滑梯的多种滑法。如头朝下趴着滑,如果没有控制住身体,头部先冲下去,易发生头部撞伤或脖子扭伤。

(2)分散活动时,有的幼儿玩投掷类游戏,如果控制不当会将投掷物扔到其他幼儿身上、脸上等,从而造成意外伤害。

(3)幼儿在玩秋千或旋转类的大中型器材时,由于拥挤、争抢易引发碰撞或摔伤,需要保教人员有预见的提醒。

(二)户外活动时衣着存在的安全隐患

一是穿有拉绳的连帽衫,幼儿在追逐打闹或玩滑梯等时,容易勒住脖子;二是鞋子不合适,鞋子过大、过小或鞋带没有系好,都容易造成摔伤、扭伤等事故;三是穿着长及膝盖的外套,因行动不便容易导致幼儿摔倒。

(三)户外活动组织过程中存在的安全隐患

(1)户外没有厕所,幼儿大小便的时候需要回室内,如果让幼儿自己回到室内上厕所,可能存在安全隐患。

(2)保教人员为了便于管理,以防幼儿走失,在户外游戏时让幼儿排成一纵队,有的幼儿拽着前面同伴的衣服,这样就容易导致后面的幼儿被挡住视线看不见路,走动空间也不够,容易绊倒、磕伤。

(3)幼儿在活动中因不能自我调节运动节奏,造成运动量过大,从而产生身体疲劳;缺乏生活经验和控制协调能力,在追逐跑动中速度过快,碰面时因躲闪不及导致摔倒或撞翻等。

(4)户外活动结束时,保教人员带领幼儿回班级时没有清点人数,导致个别幼儿遗留在户外,容易发生走失或其他意外事故。

(5)保教人员对于器械和材料的安全性、材料摆放的位置的适宜性、活动量的科学性、活动规则的合理性等方面考虑不周全,会给幼儿的活动埋下安全隐患。

二、应对措施

(一)户外活动场地、设施的安全措施

(1)对于户外活动场地要坚持定期检查,保证场地平整,无危险物品。

(2)所用的运动器材要提前检查是否完好,并定期检修,一旦发现损坏要及时维修或更换。

(3)待维修的大型设施应及时悬挂警告标志,提醒保教人员、家长带领幼儿远离这类设施。

(二)户外活动衣着的安全措施

(1)幼儿需要穿适宜活动的服装,衣服尽量选择纯棉的、容易吸汗的,裤子要有弹性,便于奔跑伸展,尽量穿舒适的运动鞋。

(2)户外活动准备阶段,保教人员要检查幼儿穿着是否适宜,如鞋带是否系好、鞋子是否合脚,以便及时调整。

(3)尽量劝说家长拆掉幼儿衣帽衫的拉绳,对于没有拆掉拉绳的帽衫,保教人员要将拉绳塞到幼儿衣服里面。

(三)户外活动组织过程中的安全措施

(1)户外活动时保证最少两名保教人员参与。

(2)保教人员应该分工明确,保证所有幼儿都在自己的视线内,以便能及时发现并排除可能出现的危险。

(3)集体活动前要进行热身运动,避免幼儿在活动中拉伤、扭伤。

(4)随时关注体弱儿、肥胖儿和过分活跃儿等特殊幼儿,尽量对他们采用不同的活动策略,避免因方法不当引起伤害。

(5)重点关注具有一定的危险性和幼儿相对集中的地方。

(6)参与投掷类、棍类、圈类等游戏的幼儿,活动时要求他们保持一定的距离,避免发生碰撞。

(7)活动前保教人员要检查场地,确保场地平整、宽阔且无障碍物,以便于幼儿活动。

(8)保教人员应该随身携带一些应急物品,如卫生纸、防蚊虫叮咬的药等。

实训任务

小组合作,模拟组织一个游园主题的户外活动小片段,排除其中可能存在的安全隐患,对幼儿进行安全照护。

实训评价

1.能组织活动小片段,并按照要求排除安全隐患。

2.安全照护要点明确,讲述的依据清晰,处理的方法周全。

3.小组合作默契,语言表达清晰,模拟过程规范。

任务八

大型活动中的安全照护

任务目标

1. 了解幼儿大型活动中存在的安全隐患，熟悉大型活动安全照护流程。
2. 能按照流程排除大型活动中的安全隐患，对幼儿进行安全照护。

工作表单

工作表单 1

案例分析

某幼儿园开展庆祝六一儿童节表演活动，小一班在候场时，只有一位保育员在带队。突然，保育员发现丁丁小朋友不见了。后来才发现丁丁离开队伍到观众席找他妈妈去了，和他妈妈在一起，所幸虚惊一场。

分析案例中存在的安全隐患。

工作表单2

思考总结

思考:幼儿大型活动中存在哪些安全隐患?有哪些应对措施?

工作表单3

小组讨论

小组讨论并模拟组织一个幼儿园家长开放日大型活动,排除安全隐患,对幼儿进行安全照护。要求:小组合作,并把发现的问题写下来。

学习支持

托幼园所的大型活动按照场地可分为园所内大型活动与园所外大型活动。园所内大型活动包括家长开放日活动、安全演练活动、亲子运动会等。园所外大型活动主要包括郊游、参观、植树等实践活动。其安全照护难在活动人数多、活动环境较为开放、活动内容较为复杂，需要托幼园所及其保教人员关注的安全点太多，稍有疏忽就会出现安全纰漏，引发安全事故，所以需要引起高度重视。

一、园所内大型活动中的安全隐患

（一）园所内大型活动中的安全隐患

园所内大型活动中最易出现的安全隐患：一是活动环境存在安全隐患；二是活动组织混乱导致安全隐患；三是安全意识不够导致安全隐患。最易发生的安全事故包括幼儿踩踏、跌伤和走失等。

（二）应对措施

1.活动前

（1）组织全园性的节日庆典活动，托幼园所必须提前向上级主管部门申报，经批准后方可进行；制订详细的活动方案和活动应急处理方案，明确活动组织职责，履行相应的安全保护义务。

（2）派专人查看活动场地、活动器械（具）、设施设备等，确保不存在安全隐患，并划分好区域，制作场地平面图。

（3）成立安全管理小组，明确安全职责，制订安全应急预案，配备相应设施，并进行应急演练。

（4）提高保教人员安全意识，要求保教人员把严格管理贯穿于大型活动的全过程。

（5）提前发放通知，向家长说明活动的目的和具体时间，请家长做好活动前的准备工作，提醒家长给幼儿穿着适宜服装。

（6）通过多种方式对幼儿进行安全教育，增强幼儿的自我保护意识，并带幼儿进行演练。

（7）活动开始前提醒幼儿饮水、如厕。

(8)清点幼儿人数,强调活动要求及其注意事项,检查幼儿的衣袋内有无食品或其他不安全的物品。

(9)组织家长在等候区等候,提醒家长不可擅自将幼儿带离集体。

2.活动中

(1)组织幼儿有秩序地排队行进,请能力比较强的幼儿照看好身边的同伴,提醒幼儿走路时不要交头接耳、不推搡、不追跑、不打闹。

(2)分工协作,责任到人,队伍头、中、尾各安排一名保教人员,防止拥挤、踩踏等安全事故发生。

(3)行进途中,组织幼儿安静、有序、靠右行走,提醒幼儿注意安全。

(4)到达活动现场后,要重新整队清点幼儿人数。

(5)随时进行安全教育,强调相关要求及注意事项,引导幼儿文明参与活动,要求幼儿不能擅离集体,防止幼儿走失。

(6)随时观察幼儿的身体情况和情绪状态,及时关注意外情况,发现问题及时干预。

(7)确保幼儿时刻处在保教人员视野中。

(8)要坚决杜绝可能的安全隐患,必要时应立即终止活动。一旦有安全事故发生,应立即施救,并第一时间上报。

(9)全程关注现场秩序,严防拥挤、踩踏事故发生。

3.活动后

(1)组织幼儿排队,注意观察幼儿的精神状态并清点人数,严格遵守退场秩序,按活动预案退场。

(2)加强安全教育,强调不能擅离集体,并在返回班级后,再次清点人数,防止幼儿走失。

(3)组织幼儿进行盥洗、饮水、如厕等生活活动,整理相关物品。

(4)组织家长进行有序交接,提醒家长不能擅自将幼儿带离。

二、园所外大型活动中的安全隐患

(一)园所外大型活动中的安全隐患

园所外大型活动中最容易出现的安全隐患:一是游玩、参观过程组织不当;二是交通工具存在安全隐患；三是游玩、参观地环境存在安全隐患。最易发生的安全事故有幼儿途中走失以及途中发生交通事故。

（二）应对措施

1. 活动前

（1）提前向上级教育行政管理部门报告，经批准后方可进行；制订安全预案，按要求采取安全防范措施。

（2）提前查看场地，了解活动场所设施设备及布局，排除可能存在的安全隐患。

（3）确认是否需要车辆接送，如果需要车辆接送，应与具有相关资质的车辆出租公司联系，或把园外集体活动委托给有资质的旅行单位，并要求旅行单位为此次活动购买保险。

（4）邀请志愿者或家长成立安全管理小组，制订安全应急预案，明确安全职责，并进行应急演练。

（5）向家长提前发放活动通知，说明活动目的、时间、地点，家长根据幼儿情况自愿给幼儿报名。家长同意签字后，请家长按要求帮助幼儿做好准备工作（如穿着适宜运动的服装）。

（6）配备小药箱等急救物品。

（7）注意清点人数，有针对性地对幼儿进行安全教育，增强幼儿的自我保护意识，培养安全行为习惯。

2. 活动中

（1）安全人员要协助保教人员巡视全体幼儿的活动情况，发现问题及时干预。一旦有安全事故，及时施救，并第一时间上报领导并通知家长。

（2）到达活动地点后，要重新整队并清点人数。

（3）加强安全教育，培养幼儿安全行为习惯。

（4）行进途中，队伍的头、中、尾各安排一名保教人员，防止拥挤、踩踏等事故发生。

（5）随时观察幼儿的身体状况和情绪状态，适时调整活动的节奏和速度，并安排适当的休息，满足幼儿的身体和心理需求。

（6）确保所有幼儿都在视野范围内，发现问题及时干预，及时解决纠纷，保持通信设备畅通，以便随时联系。

(7)杜绝可能的危险,必要时应立即终止活动。

3.活动后

(1)组织幼儿集合整队,并清点人数。

(2)进行安全教育,强调不能擅离集体;返回托幼园所后,再次整队清点人数,以防幼儿走失或者遗漏在车上。

(3)回到教室后,进行更换衣服、盥洗、饮水、如厕等生活活动。

(4)观察幼儿(尤其是体弱儿等特殊儿)的身体状况和情绪状态,做好个别幼儿的行为记录,并给予适当照护。

实训任务

模拟组织一个春季郊游大型活动,按流程排除活动过程中的安全隐患,写出安全照护措施,小组合作模拟实施。

实训评价

1.能准确分析活动的安全隐患并采取合适的应对措施。

2.在模拟安全照护中,讲述的依据清晰,处理的方法周全。

3.小组合作默契,语言表达清晰,模拟过程规范。

任务九

发育障碍特殊幼儿的安全照护

任务目标

1. 知道发育障碍特殊幼儿的常见表现。

2. 掌握发育障碍特殊幼儿的安全照护要点。

工作表单

工作表单 1

案例分析

小华是一名患有肌肉萎缩症的幼儿，他的肌肉力量和协调能力较差，导致在进行日常活动时经常跌倒或受伤。此外，他的手臂和腿部肌肉逐渐萎缩，使得他的行动更加困难。

为了满足小华的身体需求，保教人员采取了以下措施：

1. 提供适当的辅助：保教人员为小华提供了必要的辅助设备，如助行器、轮椅等，以帮助他进行日常活动。此外，他们还为小华提供了一些特殊的玩具和工具，如坡道和平衡木，以帮助他进行身体锻炼。

2. 创造安全的环境：保教人员特别关注小华的安全，确保他进行活动的区域是安全的，并且没有可能导致他跌倒或受伤的障碍物。他们还为小华提供了一些保护措施，如保护垫和护具，以减少受伤的风险。

3. 开展适应性教学：针对小华的身体障碍，保教人员为他制订了适应性教学计划。这个计划着重于帮助他发展运动技能和协调能力。保教人员还为他提供了一些特殊的游戏和活动，以帮助他锻炼肌肉力量。

4. 鼓励社交互动：尽管小华的身体状况特殊，但老师们鼓励他与其他幼儿互动交流。他们为小华提供了一些社交机会，如与其他幼儿一起玩游戏、听故事和唱歌等。这有助于小华发展社交技能，并让他感到自己被接纳和受欢迎。

5. 家园合作：幼儿园的保教人员与小华的家长保持密切联系，向他们提供有关小华的身体状况和教育进展的信息。家长也积极配合幼儿园的教育计划，在家中为小华提供练习和巩固技能的机会。

虽然小华仍然患有肌肉萎缩症，但经过一段时间的照顾和训练，他逐渐适应了幼儿园的生活，并取得了显著进步。

分析：如果你是案例中的保教人员，你会怎么做？

工作表单2

思考总结

思考：托幼园所应该为发育障碍特殊儿提供哪些照护和支持？

工作表单3

小组讨论

小组讨论:托幼园所的保教人员应如何尽早发现有发育障碍的特殊幼儿?

学习支持

一、了解发育障碍特殊幼儿

身心发育障碍特殊幼儿的表现类型和特点各不相同,以下是一些常见的类型和特点:

(一)生理发育障碍

这类幼儿存在身体结构或功能上的缺陷,如先天性残障或重大疾病等。他们可能面临身体发育迟缓、器官功能障碍等问题,需要托幼园所提供特别的照护和支持。

(二)神经发育障碍

这类幼儿存在神经发育方面的问题,如脑损伤、智力障碍等。他们可能表现出认知、语言、运动等方面的缺陷,需要托幼园所提供针对性的教育和训练。

(三)情感发育障碍

这类幼儿存在情感发展方面的问题,如孤独症、多动症等。他们可能表现出社交障碍、情绪不稳定、行为异常等,需要托幼园所提供心理支持和行为干预。

(四)生理和神经发育双重障碍

这类幼儿同时存在生理和神经发展问题。他们需要托幼园所提供更加全面的照护和支持,以帮助他们克服生活中的困难。

二、发育障碍特殊幼儿的早发现

在托幼园所中,可以结合以下几点早期发现发育障碍特殊幼儿。

(一)观察幼儿的行为表现

观察幼儿的语言表达、体态、情绪、注意力、学习能力、社交互动、运动协调性等,及时发现异常或与同龄幼儿不同的表现。

(二)定期评估幼儿的发展

定期对幼儿进行身体检查和生长发育评估,包括身高、体重、视力、听力等方面的检查,以及运动协调性、语言表达能力等方面的评估。

(三)与家长进行沟通

及时与家长沟通幼儿在园所的表现和评估结果,了解幼儿在家中的生活习惯和表现,共同关注幼儿的发育情况。

(四)提供建议和指导

如果发现幼儿存在发育障碍的可能,可以向家长提供建议和指导,如引导家长带幼儿去医院进行进一步检查和治疗,为幼儿提供适应其身体和心理发展需求的支持和帮助。

通过以上方法,可以早期发现托幼园所中发育障碍特殊幼儿,并为他们提供有针对性的照护和教育。

三、发育障碍特殊幼儿的安全照护

无论哪种类型的特殊幼儿，他们都需要托幼园所提供支持和照护。托幼园所可以采取以下措施来满足这些幼儿的需求：

（一）制订个性化的教育计划

针对每个特殊幼儿的需求，托幼园所可以制订个性化的教育计划，包括适应他们身心发展需求的课程和活动。例如，对不喜欢荡秋千或坐跷跷板等平衡感不好的幼儿，不要强迫他们，等他们做好了准备再引导他们参与；对多动不安难以静坐的幼儿，可以制订规律的锻炼计划，引导他们每天做一些户外活动或运动量大的体育运动。

（二）提供必要的辅助设备

对于身体发育障碍的特殊幼儿，托幼园所可以提供必要的辅助设备，如轮椅、助行器等，以帮助他们进行日常活动。

（三）提供心理支持

对于发育障碍特殊幼儿，托幼园所可以提供心理支持，如心理咨询、行为干预等，以帮助他们建立自信和改善行为。

（四）创造安全的环境

托幼园所创造安全的环境，为特殊幼儿提供保护和照顾。同时，还可以通过教育和训练，帮助特殊幼儿掌握自我保护的技能。

（五）家园合作

托幼园所应与家长保持密切联系，定期向家长反馈有关幼儿的需求和教育进展信息。同时，家长也可以积极参与到幼儿的教育过程中，与托幼园所合作，共同促进幼儿的成长。

总之，托幼园所需要针对不同类型的发育障碍特殊幼儿制订不同的教育计划和提供支持措施，以帮助他们克服障碍并充分发挥潜力。

实训任务

乐乐看人时总是眯着眼睛，走路也经常摔倒。如果你是保育员，会怎么判断乐乐的身体情况？如何保障他在活动中的安全？

要求：小组讨论判断和照护方案，并合作模拟对乐乐进行安全照护。

实训评价

1. 方案要点全面，表述清晰、准确。

2. 照护行为具体规范，语言亲切友爱。

项目小结

对幼儿的安全照护，主要是通过幼儿的一日生活的各个环节来实现的。托幼园所的一日活动主要包括生活活动、户外活动、游戏活动等。一日生活的制度化和有效衔接有助于保教人员合理开展活动，但针对幼儿生理、心理发展不成熟、发育障碍等，保教人员要制订特殊教学计划，并采取有效应对措施尽量减少甚至杜绝安全事故的发生。

直通赛证

选择题

1. 预防幼儿走失，保教人员应该做到（　　）。

A. 开展安全教育活动，增强幼儿自我保护意识，提高其自我保护能力

B. 签订家校安全管理协议，要求家长将幼儿送到班级保教人员手中，确认后再离开

C. 指导家长告知孩子回家路线、家人的电话号码

D. 一旦发现幼儿走失，应立即向园所领导汇报，第一时间告知家长，并请警方协助寻找

2. 幼儿进餐过程中存在的安全隐患有（　　）。

A. 异物卡喉　　B. 烫伤

C. 餐具使用不当造成划伤、戳伤　　D. 食物中毒

3. 如厕、盥洗、饮水过程中的安全隐患有(　　)。

A. 推挤、打闹导致磕伤　　B. 烫伤

C. 地面湿滑导致跌伤　　D. 洗涤剂、消毒品等未妥善保管导致伤害

4. 午睡过程中,如果遇到幼儿掉下床的情况,以下做法错误的是(　　)。

A. 保教人员及时冰敷幼儿的受伤部位,以缓解幼儿的疼痛

B. 如果幼儿的皮肤划破,保教人员应及时进行消毒处理

C. 幼儿出现无意识、持续呕吐、痉挛等症状时,要马上叫救护车将其送往医院治疗

D. 幼儿没有哭闹,一般问题不大,无须过多关注

5. 集体活动中可能存在的安全隐患有(　　)。

A. 体罚幼儿　　B. 使用有毒、有害、不卫生材料制作的玩教具

C. 教学活动时间过长　　D. 秩序混乱、场地狭小

6. 开展区域活动时,保教人员应做到(　　)。

A. 合理设置区域,动静分区,排除安全隐患

B. 制订区域规则,教育幼儿遵守规则

C. 面对幼儿之间的争执,保教人员应该及时介入,理性调节

D. 区域活动是自由活动,保教人员应该让幼儿完全自主活动

7. 户外活动中,可能存在的安全隐患有(　　)。

A. 幼儿穿着有拉绳的连帽衣　　B. 地面有碎玻璃碴

C. 秋千上的绳索不牢固　　D. 器械年久失修

8. 园所内活动最易存在的安全隐患有(　　)。

A. 活动组织混乱　　B. 活动场地杂乱

C. 退场秩序混乱　　D. 前期准备工作不足

实践实训

某幼儿园即将举办亲子运动会,请思考活动中可能存在的安全隐患,写出应对措施,并模拟实施。

项目评价

主题	内容	优秀	良好	一般	较差	很差
学习态度	能准时参加全部课程，按时提交作业，及时查阅教师上传的学习材料	5	4	3	2	1
专业知识	了解托幼园所幼儿日常活动中存在的安全隐患，理解幼儿生活安全照护的要求	5	4	3	2	1
研讨精神	积极参与讨论，对其他人的发言能提出合理的分析和见解	5	4	3	2	1
团队协作	能很好地融入课堂小组讨论，共同推进学习进程	5	4	3	2	1
沟通交流	能够清晰准确地表达自己的观点，与他人交流时态度语气恰当	5	4	3	2	1
人文素养	能够关注幼儿安全教育人文知识，有意识地培养职业人文精神	5	4	3	2	1
信息素养	会检索幼儿安全照护相关法律法规、政策文件，主动了解行业发展动态	5	4	3	2	1
实践应用	能发现幼儿一日生活各环节可能存在的安全隐患，并能有针对性地提出应对措施	5	4	3	2	1
自我小结						

推荐阅读

扫描二维码，进行拓展阅读。

项目四

幼儿常见意外伤害的应急处理

学习目标

知识目标

1. 掌握幼儿意外伤害的预防措施。

2. 掌握遭遇幼儿意外伤害后安全照护与救助的流程与基本方法。

能力目标

1. 能按照安全预案，处理托幼园所的各类突发意外伤害事件。

2. 能运用正确的方法对幼儿的意外伤害实施救护。

职业素养目标

1. 具有沉着冷静、有条不紊地处理问题的态度和职业精神。

2. 在意外伤害发生时，把救护幼儿、保护幼儿生命放在首位，尊重生命，对生命有敬畏之心。

学习重难点

学习重点

1. 预防幼儿意外伤害的措施与方法。

2. 运用正确的方法对幼儿的意外伤害实施救护。

学习难点

1. 幼儿发生意外伤害后安全照护与救助的流程与基本方法。

2. 按照安全预案，处理托幼园所的各类突发意外伤害事件。

思维导图

- 幼儿常见意外伤害的应急处理
  - 常见皮外伤的应急处理
    - 抓伤
    - 擦伤
    - 刺伤
    - 切割伤
    - 扭伤
    - 夹挤伤
  - 异物伤害的应急处理
    - 呼吸道异物伤害
    - 咽部异物伤害
    - 鼻腔异物伤害
    - 外耳道异物伤害
    - 眼部异物伤害
  - 骨折的应急处理
  - 烧烫伤的应急处理
  - 触电的应急处理
  - 溺水的应急处理
  - 动物咬伤的应急处理
    - 猫狗咬抓伤
    - 野生动物昆虫的咬蜇伤
  - 高空坠落的应急处理
  - 流鼻血的应急处理
  - 中毒的应急处理

任务一

常见皮外伤的应急处理

常见皮外伤的应急处理视频

任务目标

1. 了解常见皮外伤的临床表现。
2. 能正确完成幼儿常见皮外伤的初步处理。
3. 能在照护中关爱幼儿。

工作表单

工作表单1

案例分析

5岁的华华在自主游戏活动时特别兴奋，走路时蹦蹦跳跳，但一不小心摔倒在地，造成鼻尖和手掌擦伤；红红和小明争夺同一个玩具，小明把红红的脸抓伤了，还留下一道较浅的抓痕。

分析：类似事件在幼儿园时有发生，如果你是保教人员，你会怎么处理？

工作表单 2

思考总结

思考:幼儿常见的皮外伤有哪些? 有哪些常见的应急处理办法?

幼儿常见的皮外伤	应急处理办法

工作表单 3

小组讨论

有家长认为为了幼儿的安全,保教人员应该事事都为幼儿做主把关。分小组讨论该类观点是否正确并说明理由。

学习支持

一、抓伤

抓伤一般会引起局部疼痛肿胀和渗血等症状。由于幼儿的安全意识较差，语言表达能力较弱，有时会因为意见不同而“动手”，发生抓伤。幼儿常见的抓伤伤口较浅，一般不会留下疤痕。

应急处理方法：

1. 皮肤没有破损，及时用冷毛巾敷于受伤部位，减轻痛感。

2. 皮肤破损流血，先用生理盐水或流动的水对受伤部位清洗，然后用碘伏对伤口及周围皮肤进行消毒、止血。

二、擦伤

擦伤一般指肌肤表面与粗糙的物体发生剧烈摩擦后，皮肤表皮或皮肤真皮所受的损伤，伤势大多比较轻微。擦伤是幼儿外伤中出现概率最高的一种。由于幼儿运动系统和神经系统发育不完善，身体协调性较差，动作不够熟练，他们经常在运动时跌倒，造成裸露部位擦伤。尤其在夏天，由于衣物穿得少，裸露部位更多，一旦受伤，伤口往往更深。

应急处理方法：

(1)如果伤得很浅，面积又小，每天涂两次左右消毒杀菌药水，一般两天左右即可愈合。如果伤得较深，伤口有血液渗出，可以遵医嘱涂药物，并(或)用纱布包扎，十天半月即可痊愈。另外，如果伤口比较脏，必须先用凉开水或淡盐水冲洗干净，然后再进行涂药包扎。

(2)如果擦伤面积太大，伤口上有无法清洗掉的沙粒、脏物，或者受伤位置重要(如脸部)，建议带幼儿就医。

三、刺伤

刺伤一般是由针、竹签、钉子等尖利物刺入人体所引起。轻的刺伤可按照擦伤处理，同时还需要将刺入物立即取出。

应急处理方法：

(1)先将伤口用生理盐水清洗，然后用消过毒的针（或镊子）顺着刺的方向将其全部挑或拔出来，不应有残留，然后挤出淤血，再进行消毒处理。

(2)如果是被铁钉、剪刀等金属制品刺伤且伤口比较深，则容易因病菌或脏物侵入伤口，引起感染，甚至导致破伤风而危及生命。因此，这种刺伤应去医院治疗。

(3)需要注意的是，如果刺入体内的异物比较粗大或伤口较深，不可自行拔出异物时，切忌按压伤口，应立即拨打120急救电话或直接送到医院救治。

四、切割伤

切割伤是由刀、玻璃片、纸张或锋利的器具造成的损伤，伤至皮肤、皮下组织或深层组织。切割伤的特点是伤口比较整齐，严重的切割伤可切断肌肉、神经等，甚至使肢体断离。

应急处理方法：

(1)如果创伤面不大且深度比较浅，只有少量出血，应先挤出伤口内少量血液。若伤口污染较重，应用干净的纱布拭去污物或用生理盐水冲洗伤口，然后用碘伏由里向外对伤口周围消毒。

(2)如果创伤较重，出血量大，应先用干净的纱布按压住伤口止血，然后用碘伏由里向外对伤口周围消毒，不可用带棉或有绒毛的布块直接盖在伤口上，也不可在伤口上乱上药，以免影响医生对伤情的判断。

(3)若由生锈铁器或沾染污泥的利器造成切割伤，应由医生决定是否注射破伤风疫苗。

(4)若幼儿的手指被利器割断，应保护好断指（可将断指装入消过毒的玻璃容器或用干净的塑料袋、手帕包住，切勿将断指放入酒精或者其他消毒液中）并连同幼儿一起送往医院。

五、扭伤

扭伤是四肢关节或躯体部位的软组织的损伤，但无骨折、脱臼等其他外伤。

应急处理方法：

(1)轻微扭伤应立即停止运动，用冷水浸湿毛巾或用纱布包裹冰袋敷在受伤的部位，缓解肿胀和疼痛。

(2)若幼儿受伤的部位是踝关节,先让幼儿躺平,抬高受伤的踝关节(抬高受伤部位有助于减轻瘀伤和肿胀),并在扭伤处下垫一些可以稳住脚部的软性物品(如毛巾、棉布),给予受伤部位舒适的支撑。

(3)如果是严重的扭伤,扭伤部位很快会出现肿胀或淤血,受伤部位疼痛难忍或不能活动,应立即送往医院。

六、夹挤伤

在日常生活中,门窗、铁匣、抽屉或汽车门等,最容易夹伤手指,伤者多为儿童。夹挤伤后轻者出血肿胀,重者可引起指甲脱落、手指断离等。

应急处理方法:

(1)如果出现夹挤伤,成人不必惊慌,先安慰幼儿;较轻的手指夹伤,可将伤指浸入冷水或进行冰敷。

(2)如果出现紫色的出血现象或肿胀,有可能是受伤部位发生了骨折,应及时去医院救治。

(3)皮肤裂伤出血有感染的风险,要到医院处理。

实训任务

假如丁丁在用剪刀做手工时,不小心剪到自己的手指头,看到有血流出,丁丁大哭起来。请你模拟保育员为丁丁处理伤口和进行照护。

实训评价

1.在处理和照护过程中能关注幼儿的情绪变化,及时安抚幼儿。

2.处理方法正确,过程流畅。

任务二

异物伤害的应急处理

心肺复苏的应急处理视频

任务目标

1. 能够口述海姆立克急救法的操作要点，并正确实施海姆立克急救法。
2. 能够初步处理异物伤害事故。
3. 具有争分夺秒、从容有序解决问题的能力。

工作表单

工作表单 1

案例分析

在幼儿园的午餐时间，4岁的明明由于吃得太快，喉咙被食物卡住。当保育员发现时，明明两眼发呆、脸色苍白、嘴唇发紫、双手掐脖子。

分析：如果你是保育员，你会采取怎样的急救措施？

工作表单2

思考总结

思考:作为一名保育员,当发现幼儿出现异物伤害时该怎么处理?

常见的异物伤害	急救措施

工作表单3

小组讨论

小组讨论幼儿异物伤害安全教育方案,并模拟组织异物伤害安全教育活动,把活动中发现的问题记录下来。

学习支持

一、呼吸道异物伤害

呼吸道异物伤害是幼儿常见的伤害之一，多发生于5岁以下的幼儿，且3岁以下占多数。如果幼儿的呼吸道没有被完全阻塞，会出现剧烈呛咳、气急、反射性喉痉挛，进而引起吸气性呼吸困难，喉咙发出口哨一样的喘鸣声。如果幼儿既不能发声，也没有咳嗽和呼吸，两只手本能地做出掐脖子的动作时，说明其呼吸道发生了完全性阻塞。如果异物较大，阻塞严重，可致立即窒息而死。

当幼儿将异物吸入气管，救护者一定不要惊慌，更不可用手将异物抠出，否则会加重阻塞，甚至引发并发症，危及生命。幼儿呼吸道异物伤害发生时，一旦出现窒息，必须立即进行急救。

应急处理方法：

（一）海姆立克急救法（适用于1岁以内的婴儿）

（1）翻转婴儿。如果婴儿不能啼哭、咳嗽或呼吸，将婴儿面部朝下，头部低于躯干，臀部朝上，放在救护者的前臂上，且用一只手托住其下颌和颈部。

（2）连续叩击。救护者用另一只手的手掌根部连续叩击婴儿两肩胛之间5次，然后将婴儿翻转至面部朝上、头低臀高的体位，检查其口中有无异物，如果发现异物，用手指小心勾出。切勿在婴儿口内搅动手指，以防异物被挤回喉咙深处。

（3）重复操作。如未发现异物，立即用食指、中指连续冲击婴儿两乳头连线中点下一横指处5次，再将婴儿翻转为面部朝下。重复动作直至异物排出。

（4）如未能将异物取出，应立即拨打120急救电话寻求帮助，且持续救治直到救援医生到达。

（二）海姆立克急救法（适用于1岁以上的幼儿）

（1）幼儿取站立位，弯腰并且头部向前倾，嘴巴张开，施救者站（或跪）在幼儿身后，双手环抱幼儿的腰腹部。

（2）施救者一手握拳，拳眼置于幼儿肚脐上两横指的上腹部，另一只手紧握并固定拳头，连续快速地向幼儿上腹部的后上方冲击，反复有节奏、有力气地进行，直至气道内的异物排出。

(3)如果幼儿在抢救过程中意识丧失,应立即将其摆成平卧的复苏体位,使用心肺复苏法进行急救。

注意事项:海姆立克法一般适用于重度或完全性的气道梗阻。如果幼儿被异物呛到后还能咳嗽、呼吸、哭闹、说话,说明气道或部分气道还能工作,这属于部分性的气道梗阻,不需要使用海姆立克法,要鼓励幼儿用力咳嗽。一次有力的咳嗽通常也会将异物排出,如果不能将异物咳出,须第一时间就医。异物进入呼吸道时,千万不要把幼儿倒立式拎起拍打其背部,这样会增加其颈椎受伤的危险。如果海姆立克法使用不当,不仅会增加幼儿的难受程度,还有可能把异物推往更深的地方。

二、咽部异物伤害

幼儿咽部异物以鱼刺、骨头、瓜子等较为多见,异物大多存留在扁桃体、舌根等咽部周围的组织里,引起咽部的不适、疼痛,吞咽时痛感加剧。异物较大时,多有下咽困难、咳嗽等症状,如果阻塞在咽部入口,则有窒息的风险。

应急处理方法:

先安抚幼儿的情绪,让幼儿保持平静状态。幼儿坐在椅子上,头部略向后仰,张开嘴巴发“啊”音,用灯光照射咽部,用棉签轻压住舌头1/2处,然后用镊子轻轻取出异物。若异物不能取出或进入更深部位,迅速送医院处理。

注意事项:鱼刺卡住后,不要给幼儿吃馒头、米饭或食醋等,这些措施不仅不能解决问题,有可能将刺推入更深的位置,增加取出的难度;若是较大异物卡住咽部,应尽快送医院处理。

三、鼻腔异物伤害

日常生活中,幼儿因好奇将豆类、纽扣、珠子等异物塞入鼻腔,或者进餐时大笑、打喷嚏会导致食物呛入鼻腔。鼻腔中的异物会引起鼻腔阻塞,时间久了会伴有流脓或带血鼻涕的流出,异物如果存在时间过长,鼻黏膜可能出现糜烂等现象。所以发现幼儿出现此类情况时,须立即将异物取出。

应急处理方法:

如果是小物件进入鼻孔,可以压住幼儿无异物的鼻孔,引导幼儿用嘴巴用力吸气后,再用力擤鼻子,迫使异物随气流排出。若幼儿不能擤鼻子,可用纸捻成细条刺激鼻孔，迫使其打喷嚏，使异物随喷嚏排出。如果异物无法排出，应立即去医院处理，切不可用镊子夹，以免损伤鼻黏膜，造成流鼻血。如果异物是珠子等圆形的光滑物件，千万不能用镊子夹，否则会越夹越深，一旦异物滑入气管，会更加危险。

四、外耳道异物伤害

常见的外耳道异物分为两种。一种是生物性异物，包括植物性异物（豆粒、米粒等）和动物性异物（蚊子等小虫）。另一种是非生物性异物，如小石子、纽扣、珠子、棉棒头等。体积较大的外耳道异物，可引起耳道阻塞，造成听力障碍、耳鸣、耳痛、反射性咳嗽等症状。

应急处理方法：

首先保持冷静，安抚幼儿，尽量让幼儿放松情绪、别害怕。如果是体积较小、较硬且离外耳道口很近的物体（如植物籽），成人应让幼儿将头歪向有异物的一侧，辅助幼儿进行侧身蹦跳。如果是小虫进入耳朵，成人可将房内灯光熄灭（如果是白天，就营造一个黑暗的环境），然后用灯光对准耳朵，诱使小虫自行爬出来，或滴入少许食用油、酒精等，先将虫子淹毙，然后再夹取出来。如果异物过大，或异物有棱角，或异物比较锐利等，不能将异物取出，成人应及时将幼儿送到医院处理，以免损伤外耳道及鼓膜。

五、眼部异物伤害

常见的幼儿眼部异物有沙尘、小飞虫、睫毛等，异物入眼时会引起眼睛疼痛，产生灼热感、流眼泪、眼部发红、有异物感等症状。

应急处理方法：

如果异物进入眼内，先安抚好幼儿，然后轻轻将幼儿上眼皮向前拉，使眼皮和眼球之间留有一点儿空隙，让幼儿流泪，当泪水向外流出时，可很快将异物冲出。如果异物附着在眼球上或眼睑内，可让幼儿眼睛向下看，将上眼皮翻开，用棉签蘸上眼药水或生理盐水将异物取出。如果看不到异物，但幼儿告知眼中异物感很强，或异物嵌在眼球上，应立即送医处理。

注意事项：切勿用尖锐物品挑患儿眼中的异物。因为异物细小，眼睛敏感，须在良好的照明、严格的无菌条件下进行异物处理，以防止损伤角膜和预防感染。

实训任务

1. 户外活动时，丁丁的眼睛里突然飞进了一只小飞虫。请你模拟保育员对丁丁的眼睛异物做出紧急处理。

2. 区域活动时，西西说他把一个小珠子塞进鼻孔拿不出来了。请你模拟保育员对西西的鼻腔异物进行正确处理。

实训评价

1. 能及时关注幼儿情绪，并安抚幼儿。

2. 操作过程规范，动作熟练。

3. 小组合作顺畅。

任务三

骨折的应急处理

任务目标

1. 了解幼儿骨折的原因。
2. 能识别幼儿骨折的具体表现。
3. 能正确对幼儿骨折实施应急救护，具备较强的安全意识和责任感。

工作表单

工作表单 1

案例分析

小明在玩耍时不小心从滑梯上摔下，疼得大哭了起来，保育员试图把他拉起来时，他哭得更厉害了，说自己的左胳膊疼，也无法抬高，保育员初步判断是手臂骨折。

分析：如果你是案例中的保育员，如何初步判断小明是否骨折？

工作表单2

思考总结

思考:作为一名保育员,面对幼儿骨折的情况应该如何处理?

工作表单3

小组讨论

小组讨论:作为保育员,可以通过哪些保教措施预防幼儿骨折的发生?

学习支持

一、幼儿骨折的特点

骨折主要是在外力作用下,骨组织的完整性或连续性部分或全部中断或丧失。畸形、功能障碍是本病的典型症状。骨折可分为闭合性骨折和开放性骨折两种。闭合性骨折,指骨折处皮肤或黏膜完整,与外界不相通;开放性骨折,指骨折处的皮肤或黏膜破裂,骨折端直接与外界相通。

发生骨折时,伤处剧烈疼痛,活动时疼痛加剧,有明显的压痛感。骨折部位因出血或血液回流不畅,可出现不同程度的水肿和淤血,外表局部肿胀。骨折后,原有的运动功能受到影响,活动幅度受限,也可能完全丧失活动能力。

在日常生活和学习中,由于幼儿活泼好动,在快速奔跑、嬉戏打闹时,容易发生攀高摔跌或高处坠落,从而导致骨折。幼儿的骨折常表现为折而不断的"青枝"骨折。幼儿因年龄小,不能清晰准确地表述自己的伤情,并且有的骨折痛感及变形程度不明显,这会导致骨折发生后几天才送医治疗,因而延误治疗时间。在幼儿骨折中,四肢骨折最为常见。

二、应急处理方法

在未经急救包扎前,不要轻易移动患儿,否则轻者可能引起骨折部位移位,重者可能引起休克或血管、神经损伤,甚至使闭合性骨折变为开放性骨折。

(1)骨折发生后,要限制伤处活动,避免加重损伤,减少疼痛,应当迅速使用夹板固定患处。如果不固定,让骨折部位乱动,有可能影响神经或血管,造成麻痹。但是,骨折时,由于局部有内出血而不断肿胀,所以不应固定过紧,不然会压迫血管加重病情。所用固定材料可就地取材,如小木板、硬纸板等。上夹板前,应用软物垫好,绑扎时将骨折处相关关节同时固定,以便有效限制骨折处的活动。

(2)四肢固定要露出指(趾)尖,以便随时观察末梢血液循环。如果指(趾)尖苍白、发凉、发麻或发紫,说明固定得太紧,要松开重新调整固定压力。上肢骨折固定的位置要取屈肘位,绑好后用带子悬吊于颈部,下肢骨折要取伸直位固定。脊柱骨折要将幼儿平抬平放在硬板上再给予固定。严禁使用帆布、绳索等软担架运送幼儿,一定要使其脊柱保持挺直，切勿试图让幼儿行走。如果处理不当，可能造成脊柱神经损伤，导致截瘫，后果不堪设想。

(3)皮肤有伤口的开放性骨折，如果出血严重，可用消毒纱布压迫止血，在纱布外面再用夹板。压迫止不住血时，可用止血带，并在止血带上标明止血的时间。

(4)开放性骨折，若是断骨露在外面，不要自行把断骨塞进去，也不要在伤口上涂任何药物，应在伤口处盖上消毒纱布后固定，然后立即送医。骨折后要尽快将幼儿送往医院，进行骨头复位，否则会产生严重水肿，不利于复位。

实训任务

小组合作，分别模拟对上臂骨折、小腿骨折的幼儿进行应急救护。

实训评价

1. 能及时关注幼儿情绪，并安抚幼儿。
2. 操作过程规范，动作熟练。
3. 小组合作顺畅。

任务四

烧烫伤的应急处理

任务目标

1.掌握烧烫伤的正确处理步骤。

2.能正确完成幼儿烧烫伤的初步处理。

3.具有在日常照护中预防幼儿被烧烫伤的意识。

工作表单

工作表单1

案例分析

午餐时,保育员正在给小班幼儿分发饭菜,瑞瑞突然站起身来,撞上了保育员的手,碗里的汤直接淋在瑞瑞的头上、手上,瑞瑞的脸、手瞬间明显变红,瑞瑞大哭起来。

分析:进餐过程中引起幼儿烫烧伤的潜在危险因素有哪些?如何防范?

工作表单2

思考总结

思考：托幼园所中存在哪些会引发烫烧伤的安全隐患？有哪些应对措施？

安全隐患	应对措施

工作表单3

小组讨论

小班幼儿丁丁吃早餐时不小心把热稀饭洒在自己的手上，他疼得大哭起来。如果你是丁丁班的保育员，你会采取什么措施？请小组讨论并模拟应急处理。

学习支持

一、引起幼儿烧烫伤的安全隐患

沸水、滚粥、热汤、热油、蒸汽、烟花、炭火等是造成幼儿烧烫伤的主要原因。由于幼儿的肌肤娇嫩，在发生烧烫伤时，受伤程度往往比成年人严重得多，轻则留疤，重则会引起生命危险。烧烫伤带给幼儿的不仅仅是身体的疼痛，还有心理的创伤。

二、应急处理方法

烧烫伤的严重程度主要根据烧烫伤的部位、面积和深浅度来判断。烧烫伤按深浅度来判断，一般分为三度。

Ⅰ度烧烫伤：只伤及表皮层，受伤的皮肤发红，有疼痛和灼烧感，但无水泡出现。一般情况下，1周可自愈，不留疤痕。

Ⅱ度烧烫伤：伤及真皮层，局部红肿、发热、疼痛、有明显水泡。浅Ⅱ度烧烫伤，一般2周能自愈，不留疤痕；深Ⅱ度烧烫伤，3—4周可自愈，可有疤痕。

Ⅲ度烧烫伤：全层皮肤，也包括皮肤下面的脂肪、肌肉甚至骨头都受到伤害，因为许多神经被损坏，反而疼痛不剧烈。易感染，愈合极慢，愈合后会留下严重的疤痕。

烧烫伤急救应牢记“冲、脱、泡、盖、送”五字原则。

（一）冲

立即将受伤的部位用清洁的流动凉水轻轻冲洗10—20分钟，进行降温的时长不超过20分钟。如果受伤部位不方便用流动水降温，可以用凉的湿纱布或毛巾，交替覆盖在受伤部位，覆盖约30分钟。避免直接使用冰块或冰水冷却受伤部位，因为这样会加剧疼痛，也可能加重局部的损伤。

（二）脱

在充分冲洗后，小心除去衣物。可以用剪刀剪开衣服，千万不要强行剥去与皮肤粘连的衣物，以免弄破水泡。因为水泡表皮在烧烫伤早期有保护创面的作用，能够减轻疼痛，减少渗液。由于受伤后受伤部位及邻近部位会肿胀，要在伤处尚未肿胀前把患儿身上的手镯、脚环及其他紧身物品去除，防止肢体肿胀后无法取下。

（三）泡

针对疼痛感明显的情况，可在冷水中持续浸泡10—30分钟。这种做法的主要作用是缓解疼痛。但对于大面积烧烫伤的幼儿，不能浸泡太久，以免体温下降过多或延误治疗时机。

（四）盖

使用干净或无菌的纱布或其他棉质的布类覆盖于伤口之上，这样可以减少被感染的可能。需要注意的是，不要在烧烫伤创面涂抹不适宜物质，如抗生素、牙膏、自制草药等，因为这些物质对创面不仅起不到治疗作用，反而会妨碍清理创伤面，增加感染的风险。

（五）送

及时转送到专业医院进行进一步正规治疗。如果烧烫伤面积大、程度严重，或者幼儿体温高于38 ℃，出现感染表现时，必须立即就医。

实训任务

假如一名幼儿在吃早餐时不小心把一杯热豆浆碰倒洒在自己的身上，衣服已经湿透了，孩子疼得大哭。请小组合作，模拟进行应急处理。

实训评价

1. 能及时关注幼儿情绪并安抚幼儿。
2. 操作过程规范，动作熟练。
3. 小组合作顺畅。

任务五

触电的应急处理

任务目标

1.能正确处理触电事故,并对触电的幼儿进行急救。

2.增强安全用电意识。

工作表单

工作表单1

案例分析

区域活动时,中班幼儿亮亮手里拿着小剪刀,准备将其插入插座中,幸好保育员及时发现,并对亮亮进行了安全教育。

分析:如果你是案例中的保育员,你会怎样进行防触电安全教育?

工作表单2

思考总结

思考:托幼园所存在哪些易引发触电事故的安全隐患?有哪些应对措施?

安全隐患	应对措施

工作表单3

小组讨论

大班幼儿亮亮在户外活动时,用手去拉一根掉到地上的电线,随即触电倒地。请小组合作模拟保育员对亮亮进行紧急救助,并把发现的问题写下来。

学习支持

一、幼儿触电的安全隐患

触电，又称电击伤，指人体直接接触电源后电流快速经过人体组织，造成人体组织损伤和功能障碍，严重者导致心跳和呼吸骤停，甚至死亡。

因认知水平有限，好奇好动，幼儿会把电源插座、开关、电线等当作玩具，或者用危险的方法接触电气设备而导致触电。电击伤的症状有很多种，触电时长、电流大小、电压高低等不同，伤害程度也不同。轻微的电击伤会伴随出现惊吓、呆滞、面色苍白、头晕、麻痛等症状，而严重者则可能出现昏迷、休克、心跳骤停，甚至死亡。

二、应急处理方法

（1）迅速使触电的幼儿脱离电源。施救者应立即通过拉闸、关闭电源开关等方式切断电源，也可以用干燥的木条、竹竿、塑料棒等不导电的工具，挑开幼儿身上的电线。如果需要直接将幼儿拉开，施救者必须在确保自身绝缘的情况下施救，将其救离危险区域。

（2）迅速检查触电幼儿的呼吸、心跳情况。如果通过幼儿身体的电流很小，触电的时间短，脱离电源后幼儿感到头晕、触电部位发麻，先让其休息一下，随后立即送往医院检查治疗。

（3）如果通过幼儿身体的电流较大且触电时间较长，幼儿出现了昏迷不醒、心跳呼吸停止的情况，要立即就地抢救，及时进行人工呼吸和胸外按压，同时打120急救电话，寻求帮助。在救护车到来之前不轻易搬动幼儿。

三、触电安全隐患的防范

（1）托幼园所内的电源插座都应安装在幼儿触碰不到的地方，并在插座上安装保护盒。

（2）经常对家用电器进行检查，及时排除电线脱落、漏电等安全隐患。

（3）加强安全教育，教育幼儿不能把电器当玩具，培养其安全行为习惯，增强幼儿自我防护能力。

实训任务

假如户外活动时，丁丁将放在地上的电源插座当玩具玩，不小心触电倒地。请小组合作，模拟应急处理过程。

实训评价

1. 救助过程体现以人为本理念，关心幼儿，安抚幼儿。
2. 操作过程规范，动作熟练。
3. 面对问题沉着冷静。

任务六

溺水的应急处理

任务目标

1. 能对溺水幼儿进行初步急救。

2. 能对幼儿进行防溺水安全教育。

工作表单

工作表单1

案例分析

某幼儿园大班户外活动时，保育员刘老师突然发现班上的亮亮和星星两个小朋友不见了，刘老师赶紧四处寻找，最后发现亮亮在幼儿园的戏水池里挣扎，星星正在试图把亮亮拉起来。

分析：如果你是保育员，你会怎么做？分析案例中存在的安全隐患。

工作表单 2

思考总结

思考:托幼园所中存在溺水安全隐患的地方有哪些？有哪些应对措施？

安全隐患	应对措施

工作表单 3

小组讨论

小组合作,模拟幼儿防溺水安全教育活动,并把活动方案和过程中存在的问题记录下来。

学习支持

一、了解幼儿溺水的安全隐患

溺水，又称淹溺，指人淹没于水或其他液体中，由于液体充满呼吸道及肺泡，发生窒息和缺氧的伤害状况。幼儿自身安全意识薄弱、监护人疏于监管以及对溺水危险性认识不足，是幼儿溺水事故发生的主要原因。幼儿的溺水大多是由于入水后受惊、恐惧、水温过低引起的骤然寒冷等强烈的刺激，引起反射性的喉头痉挛，以致呼吸道完全梗阻而缺氧，造成窒息。

二、应急处理方法

发现幼儿溺水后，总的急救原则是迅速将其从水中救出，然后立即拨打120急救电话，在等待救援的同时施救，具体施救方法如下。

（一）溺水幼儿被救出水后的处理

（1）清醒，有呼吸有脉搏。立即拨打120急救电话，然后陪在幼儿身边并注意为其保暖，等待救援人员或送医院治疗。

（2）昏迷，有呼吸有脉搏。评估昏迷幼儿状况时，1岁以下轻拍足底，1岁以上轻拍肩膀，同时立即拨打120急救电话求助。如果幼儿口鼻中有异物，应先清除口鼻中的异物，同时检查幼儿有无外伤，若存在头部或颈部外伤，应避免自行搬动；无外伤者，应使其保持侧卧位，等待救援人员，等待过程中要密切观察呼吸和脉搏情况，必要时进行心肺复苏。

（3）昏迷，无呼吸有脉搏。类似假死状态，无呼吸，脉搏微弱濒临停止，此时应视情况清理幼儿口中的异物，进行人工呼吸和胸外按压，以促使其脉搏心跳逐步增强。一旦恢复呼吸，应使幼儿保持侧卧位，注意保暖，等待120急救人员到来或送医院治疗。

（4）昏迷，无呼吸无脉搏。视情况清理口鼻异物，保持呼吸道畅通，进行心肺复苏，并持续到幼儿呼吸脉搏恢复或者急救人员到达。

（二）注意事项

（1）不需要控水。溺水者被救上岸后，应除去其湿衣，进行保温，但不需要进行控水处理，以免推迟通气开始的时间，增加呕吐风险、死亡率。

(2)要通过脉搏、呼吸、意识三方面对溺水者的情况进行判断。

(3)呼叫溺水者时,若无反应,但有呼吸,则不需要进行人工呼吸。

(4)应在保证自身安全的情况下对溺水者施救。会游泳不代表会在水中救援,切勿盲目入水施救。如果环境危险,应先拨打救援电话,尽量利用绳索、救生圈进行岸上救援,尽量多人一起施救。

实训任务

假如户外活动时,中班幼儿丁丁不慎落入水中,被救起时处于昏迷状态,无呼吸。请小组合作,模拟进行应急救助。

实训评价

1.救助过程体现以人为本,敬畏生命。

2.能正确判断幼儿的生命体征,操作过程规范,动作熟练。

3.小组合作顺畅。

任务七

动物咬伤的应急处理

任务目标

1. 了解常见的动物咬伤类型。

2. 能对动物咬伤的幼儿进行初步救治。

3. 具备教育幼儿正确与动物相处以及自我保护的能力。

工作表单

工作表单 1

案例分析

6岁的花花在小区内被一只牧羊犬咬伤了腿。幸运的是,送医救治及时,花花伤情并无大碍。

分析:常见的动物咬伤类型有哪些?

工作表单2

思考总结

思考:作为保育员,对动物咬伤幼儿进行救治的措施有哪些?

咬伤类型	救治措施

工作表单3

小组讨论

小组讨论幼儿被蜇伤的应急处理方案,进行合作模拟,并把过程记录下来。

学习支持

一、猫狗咬抓伤

幼儿天生喜欢小动物，看见可爱的小动物，总会忍不住靠近或者动手触摸，因此，被小动物抓伤或咬伤的情况时有发生。一旦幼儿被猫狗等动物咬伤或抓伤，家长、教师一定要及时并正确地对伤口进行处理。

（一）彻底冲洗伤口

当幼儿被猫狗等动物咬伤或抓伤后，如果没有明显出血，应首先使用20%的肥皂水（或其他弱碱性清洁剂）和流动的清水彻底冲洗咬伤处、抓伤处，冲洗时间至少20分钟。如果有出血，清洗伤口之后，可以用一块干净的纱布按压伤口止血，并快速就医。一般来说，医生会对幼儿进行是否需要注射狂犬疫苗的检查和评估。

（二）伤口消毒

用碘制剂（首选碘伏）涂擦伤口，尽可能地清除伤口内的淤血、凝血块等，防止感染。

（三）及时就医，接种疫苗

对于是否需要接种狂犬疫苗，需要由医生进行判断，如果需要接种疫苗，接种原则是越早越好。

二、野生动物昆虫的咬蜇伤

（一）蛇咬伤

如果是被蛇咬伤，若难以区分到底是毒蛇还是无毒蛇，可按毒蛇咬伤处理：

（1）脱离危险环境后，安抚幼儿，使其情绪稳定，不乱动肢体，避免因血液循环而加快毒素的吸收。

（2）阻止蛇毒扩散：若伤口在四肢，用布带或止血带扎紧伤口近心端，若伤口在躯干，以0.5%普鲁卡因环形封闭，以防止蛇毒扩散。

(3)去除蛇毒:对伤口消毒后,用吸吮器等吸抽毒液,条件不允许时,可用手挤伤口,以使毒液淤血尽快排出。

(4)情况较为危急或严重的,应及时送往医院治疗。

(二)蚊子咬伤

幼儿被蚊子叮咬后,应避免抓挠,因为这样会刺激皮肤里的组织液渗出,局部会出现红肿,且越抓越痒。具体的处理方法为:

(1)止痒:可以用盐水或冰水敷一会儿缓解瘙痒的程度,或者在叮咬部位涂抹清凉油、风油精等外涂药物。

(2)消炎:对于症状较重或有继发感染的幼儿,可在医生指导下内服抗生素消炎,同时及时对被叮咬的部位清洗、消毒,并适量涂抹红霉素软膏等。

(3)防抓挠:避免抓破伤口导致继发感染。

(4)若症状持续不退,应做进一步诊治。

(三)蜂类蜇伤

幼儿被蜂蜇伤后,应按照以下方法应急处理:

(1)拔刺。被蜂类蜇伤后,如果有毒刺留在体内,可用镊子轻压毒刺附近部位,把皮肤稍微压下,使毒刺露出较长部分,用镊子将毒刺夹出。

(2)中和蜂毒。黄蜂的毒液为碱性,可将食用醋等酸性液体涂抹于蜇伤处或冲洗;蜜蜂毒液呈酸性,可用肥皂水或小苏打水等碱性溶液冲洗伤口。

(3)局部止痛。用毛巾浸透冷水或毛巾包裹冰块冷敷伤处,以减轻红肿和痛痒的症状。

(4)及时送医。如被群峰蜇伤,或有严重的全身红肿症状,必须立即送医治疗。

实训任务

户外活动时,中班幼儿丁丁在操场上遇到一只溜进幼儿园的流浪猫,丁丁觉得小猫很可爱,就逗小猫玩,但是不小心被小猫抓伤了手臂,保育员发现丁丁手臂上有几道非常明显的血痕。请小组合作,模拟进行应急处理。

实训评价

1.关爱幼儿,及时安抚幼儿。

2.操作过程规范,动作熟练。

3.联系家长,有效沟通。

推荐阅读

杨明.学前儿童急症救助与突发事件应对[M].上海:华东师范大学出版社,2020.

任务八

高空坠落的应急处理

任务目标

1.掌握幼儿发生坠落事件后的应急处理流程。

2.能对意外坠落的幼儿做出初步的急救。

3.具有教育幼儿防范危险的能力。

工作表单

工作表单1

案例分析

5岁的瑞瑞在户外滑滑梯时,不慎后翻坠落。保育员飞奔而来,抱起瑞瑞就冲进了保健医生的值班室,保健医生和保育员立即把瑞瑞送到了医院,经过医院检查,瑞瑞肋骨骨折、颅损伤。

分析:1.评析保育员的应对措施是否正确。

2.幼儿日常生活中高空坠落隐患有哪些?如何防范?

工作表单2

思考总结

思考:保育员对高空坠落幼儿应采取的应急处理措施有哪些?

工作表单3

小组讨论

中班幼儿丁丁在荡秋千时不慎坠落,请小组讨论应急处理措施并合作模拟救助,把过程记录下来。

学习支持

一、高空坠落的应急处理

日常生活中，幼儿从床、沙发、大型游戏设施等处意外坠落事件时有发生，坠落伤已经成为幼儿最常见的伤害之一，其中以坠楼伤最为严重。幼儿天性好动，对危险事物的判断不准确，容易因好奇酿祸。另外，如果防护措施不到位，监管不力，缺乏安全教育，也容易造成幼儿坠落伤。

（一）应急处理方法

（1）立即拨打120急救电话，等待专业医护人员前来救助。

（2）保持冷静，仔细观察。当幼儿发生坠落事件时，保育员应首先检查幼儿的受伤情况，如是否有呼吸心跳、是否有意识、着地的部位、身上有无出血、四肢有无活动障碍、颈部有无损伤等。如果在伤势不明的情况下随意搬动幼儿，很可能造成二次伤害。比如幼儿有骨折的情况，若将幼儿抱起来可能加重骨折的程度，而且骨折端在移动过程中很可能戳破附近的血管，导致出血。如果不小心戳破了动脉，后果更是不堪设想。

（3）保持幼儿的呼吸道畅通，必要时清除其鼻腔和口腔的异物，并解开衣领扣。

（4）若伤口有大量出血，可用无菌纱布或干净的毛巾直接紧压在伤口上止血。

（5）如果发现幼儿没有呼吸，应立即对其进行心肺复苏。

（二）注意事项

出现以下情况应立即就医：

（1）意识反常。幼儿目光呆滞、眼神无法聚焦、对呼叫无回应、全身松软无力、行走困难、口齿不清、斜视或看不清东西等。

（2）精神状态差。幼儿萎靡不振、烦躁；变得格外嗜睡或无精打采。

（3）出现持续性的头痛、哭闹，呕吐次数多或出现喷射性呕吐。

（4）在清醒了一段时间以后，再次出现意识障碍、抽搐或呼吸节律紊乱。

二、预防措施

日常生活中应做好预防措施和安全教育：

(1)不能让幼儿独自留在家中。

(2)不要让幼儿离开成年人的视线。

(3)窗户上安置防护栏。

(4)加强安全教育，培养幼儿的安全意识和自我保护能力。

实训任务

假如户外活动时，中班幼儿丁丁不小心从秋千上掉下来，额头擦伤并鼓起一个大包。请小组合作，模拟进行应急处理。

实训评价

1.关爱幼儿，及时安抚幼儿。

2.熟悉应急处理流程，操作规范，动作熟练。

3.联系家长，有效沟通。

任务九

流鼻血的应急处理

流鼻血的应急处理视频

任务目标

1. 了解幼儿流鼻血的主要原因。
2. 能够用正确的方法进行流鼻血的应急处理。
3. 在意外伤害救护中以人为本,关爱幼儿。

工作表单

工作表单 1

案例分析

户外活动时,丁丁突然大哭起来,手上、脸上都是血,鼻孔里还有血流出来。保育员认真检查后发现是丁丁左侧鼻孔出血了,便迅速用卫生纸塞住丁丁流血的鼻孔,并让丁丁把头仰起来。

分析保育员的处理措施是否正确并说明理由。

工作表单2

思考总结

思考:保育员针对幼儿流鼻血的应急措施有哪些?

工作表单3

小组讨论

早操时,小班幼儿西西突然流鼻血了。请小组讨论、合作模拟帮助西西止鼻血,并把过程记录下来。

学习支持

一、幼儿流鼻血的原因

幼儿流鼻血是日常生活中很常见的情况，原因是人的鼻中隔靠前部的两侧各有一个小血管区，幼儿期由于该区黏膜柔嫩，极易破溃出血，此处也被称为“易出血区”。一般来说，引起鼻黏膜破溃出血的因素主要有：外伤（碰触、击打到鼻部或抠挖鼻孔等导致）、鼻黏膜过于干燥（外界空气或饮食等原因引起）以及疾病（如白血病）等。

二、处理方法

（1）安慰幼儿不要紧张、不要哭闹，尽量使幼儿安静地坐着，不要躺下。同时让其头部略微向前低，张口呼吸。

（2）保育员用大拇指压住幼儿出血侧的鼻翼，向内、向上压向鼻中隔处，持续压约5分钟。

（3）在压迫止血的同时，还可以用冷水拍或用冷毛巾敷前额、鼻部以及后颈部，以使鼻腔小血管收缩，减少出血。

（4）若经上述方法处理后仍然出血，应立即送往医院治疗。

三、注意事项

（1）幼儿流鼻血后，2—3小时内避免剧烈运动，以免再次出血。

（2）出血后，切忌头后仰，因为这样会使血流到鼻腔后方、口腔、气管甚至肺部，不仅无益于止血，还可能引起气管炎、肺炎，严重时可导致气管堵塞，呼吸困难，甚至危及生命。

（3）不能用纸巾等塞住鼻孔止血，这样做压力不够，不足以止血，取出纸巾时也可能使血痂脱落再次出血。

（4）鼻翼止血后，应让幼儿将嘴中的口水吐出，若吐出的还有鲜血，说明仍在出血（有可能是鼻后部出血，一般的简单处理很难止血），需要赶紧送往医院治疗。

实训任务

假如户外活动时,中班幼儿丁丁鼻子突然流血了。请小组合作,模拟进行应急处理。

实训评价

1. 关爱幼儿,及时安抚幼儿。

2. 熟悉处理流程,操作规范,动作熟练。

任务十

中毒的应急处理

中毒的应急处理视频

任务目标

1. 了解幼儿常见急性中毒的类型。
2. 能对中毒的幼儿进行初步的急救处理。
3. 具有教育幼儿预防食物中毒的意识和能力。

工作表单

工作表单 1

案例分析

某幼儿园在午餐时间后，多名幼儿出现了呕吐、腹泻等现象。经初步调查，怀疑是食物中毒所致。

分析：幼儿常见的急性中毒类型有哪些？

工作表单2

思考总结

思考:保育员针对幼儿的误食药物中毒情况应采取哪些应急措施?

工作表单3

小组讨论

早上小班幼儿亮亮到幼儿园后,在准备吃早餐时,突然出现了恶心呕吐,保育员询问后得知他在家喝了昨天打开的隔夜牛奶。

请小组合作,讨论并模拟对亮亮进行安全照护,并把过程记录下来。

学习支持

中毒是指毒物通过一定的途径进入机体后，导致机体功能性及器质性改变而出现的疾病甚至死亡的现象。由于幼儿认知能力和生活经验欠缺，他们会把不能食用的物品放到嘴中咀嚼尝试，这是造成幼儿中毒的常见原因。

一、预防中毒

(1)室内生炉子应有烟囱等排烟通道。

(2)农药、灭鼠药等要妥善保存，各种药物、酸碱液等要放到幼儿拿不到的地方，以免被误服。

(3)不吃腐烂变质的食物，吃四季豆等要熟透，不吃发芽的土豆。

(4)不采摘和食用不明野生植物。

二、应急处理

(1)第一时间拨打120急救电话或就近送往医院治疗。

(2)在等待120到来或送往医院之前，可根据不同情况进行应急处理，同时注意弄清毒物种类、毒物剂量、中毒症状以及服用时间等。

①如果幼儿是误食毒物(或药物)中毒，施救者应立即用软布、一次性毛巾等包住手指，取出剩在幼儿口中的毒物。同时应立即进行催吐：令幼儿张大嘴，用干净的勺柄或手指等，轻轻地刺激其嗓子眼，引起呕吐，然后反复喝水、催吐。

②如果幼儿误食的是强酸或强碱性食物，不要催吐，因为催吐过程会再次伤害幼儿的食道、咽喉，这两个部位的损伤非常难修复。可以给幼儿服用牛奶、豆浆等，以减轻酸碱性液体对胃肠道的腐蚀。

③就医时一定要带上所误服的毒物(或药物)，以便为进一步解毒、治疗提供依据。

④如果吃进毒物已经超过4小时，由于毒物已经进入肠道，催吐已经没有作用，此时，更要迅速送往医院处理。

(3)对于接触毒物中毒的幼儿，要立即用肥皂及流动的水冲洗接触部位15分钟左右，以清除毒物残留。但如果是强酸物质，切不可用水直接冲洗，而要用干布擦干净并立即送医。

(4)对于吸入毒物(如一氧化碳)中毒的幼儿,应立即将其带离中毒现场至开阔、空气流通性好的场所。如果幼儿已经失去意识,应立即按照室外窒息的应急措施进行急救。

实训任务

1. 在一次幼儿园午餐时段,3岁幼儿丁丁突然出现腹部疼痛、频繁呕吐等症状,疑似食物中毒。如果你是保育老师,你会如何处理?

2. 3岁幼儿苗苗由于好奇吞食了成人药丸。如果你是保育老师,你会如何处理?

实训评价

1. 反应速度与准确性:迅速识别中毒症状并启动应急程序。
2. 信息收集与汇报:在处理过程中,完整准确地收集并传递关键信息给相关人员。
3. 遵守急救原则:实训中遵循最新的急救指南和禁忌。
4. 沟通协调能力:展现出有效的沟通和协调能力,与其他成员合作解决问题。
5. 事后总结与学习:实训结束后,进行有效总结反思,总结经验教训。

项目小结

《幼儿园教育指导纲要(试行)》明确指出:“幼儿园必须把保护幼儿的生命和促进幼儿的健康放在工作的首位。”这指明了安全保护在托幼工作中的重要位置。《幼儿园教师专业标准(试行)》在“专业知识”维度中,要求幼儿园老师熟知幼儿园的安全应急预案,掌握意外事故和危险情况下幼儿安全防护与救助的基本方法。作为一名保教人员,应掌握常用的意外伤害及急症的处理与急救措施,在伤害发生时,能迅速进行妥善的现场救护,将风险由大变小,甚至化险为夷。

直通赛证

选择题

1.对皮肤无伤口挫伤的处理程序表述正确的是(　　)。

A.立即热敷

B.立即冷敷,安抚幼儿

C.立即冷敷,24小时后用热毛巾或热水袋敷

D.24小时后用冷毛巾敷

2.常见的有毒食品有(　　)。

A.牛奶、面包

B.豆浆、果汁

C.未熟透的四季豆

D.海鲜

实践实训

针对幼儿常见中毒类型,模拟组织安全教育活动,并把过程记录下来。

项目评价

主题	内容	优秀	良好	一般	较差	很差
学习态度	能准时参加全部课程,按时提交作业,及时查阅教师上传的学习材料	5	4	3	2	1
专业知识	较好地掌握预防幼儿意外伤害的措施与方法,能按照安全预案,运用正确的方法对幼儿的意外伤害实施救护	5	4	3	2	1
研讨精神	积极参与讨论,对其他人的发言能提出合理的分析和见解	5	4	3	2	1
团队协作	能很好地融入课堂小组讨论,共同推进学习进程	5	4	3	2	1
沟通交流	能够清晰准确地表达自己的观点,与他人交流时态度语气恰当	5	4	3	2	1
人文素养	意外伤害发生时,有沉着冷静、有条不紊地处理的态度和职业精神	5	4	3	2	1
信息素养	会检索相关法律法规、政策文件,主动学习	5	4	3	2	1

续表

主题	内容	优秀	良好	一般	较差	很差
实践应用	掌握意外伤害发生后幼儿安全照护与救助的流程与基本方法，能较好地处理托幼园所的各类突发意外伤害事件	5	4	3	2	1
自我小结						

推荐阅读

扬科·冯·里贝克.儿童急救应急指南[M].澄泉，译.北京：求真出版社，2013.

项目五

幼儿急症的应急处理

学习目标

知识目标

1. 了解幼儿晕厥、休克、高热惊厥的临床症状。

2. 掌握幼儿急症发作时急救处理的流程与方法。

能力目标

1. 在幼儿急症发作时能运用正确的方法救护。

2. 具有在紧急情况下冷静谨慎处理问题的能力。

职业素养目标

1. 具有稳定的情绪、冷静处理问题的心态和敬业精神。

2. 始终把保护幼儿、救护幼儿生命放在工作的首位，有强烈的责任心和使命感。

学习重难点

学习重点

1. 应急处理的措施与方法。

2. 针对不同急症运用正确的方法进行救护。

学习难点

1. 辨识常见幼儿急症。

2. 运用正确的方法在幼儿急症发作时实施救护。

思维导图

- 幼儿急症的应急处理
  - 晕厥、休克的应急处理
    - 晕厥的原因与应急处理方法
    - 休克的原因与应急处理方法
  - 高热惊厥的应急处理
    - 高热惊厥的病因
    - 应急处理方法

任务一

晕厥、休克的应急处理

晕厥、休克的
应急处理视频

任务目标

1. 了解幼儿晕厥和休克的原因。
2. 能通过临床症状区分晕厥和休克。
3. 能对晕厥和休克的幼儿进行应急救治。

工作表单

工作表单1

案例分析

入园时，小一班保育员李老师发现西西的精神状态不好，面色苍白，吃早餐时，也食欲不振。户外活动时间，西西突然晕倒在地。

分析：幼儿晕厥的常见原因有哪些？

工作表单2

思考总结

思考:保育员对晕厥幼儿应采取的紧急救护措施有哪些?

工作表单3

小组合作

小组合作模拟对晕厥幼儿进行急救,并把过程和问题记录下来。

学习支持

一、晕厥的原因与应急处理方法

(一)晕厥的原因

晕厥,是一时性、广泛性大脑供血不足引起的短暂意识丧失的状态,为儿科常见急症。伴随的症状有面色苍白、大汗淋漓、恶心呕吐等。短暂的晕厥,往往经过几秒钟到几分钟后会恢复意识。一般危害不大,不会有后遗症,但晕厥倒地可能导致严重的摔伤或碰伤。

晕厥的原因有很多种,主要由各种脑部疾病、心脏疾病等导致的脑供血不足引起,也可能由其他原因造成,如低血糖、过度疲劳、重度贫血。

(二)应急处理方法

(1)注意尽量少搬动幼儿。

(2)让幼儿平躺,并及时解开幼儿的衣领、裤带。

(3)疏散在场的其他围观人员,保证周围空气的流通。

(4)抬高幼儿的下肢,改善脑部血流供应,注意观察幼儿面部有没有恢复正常的迹象。

(5)注意给患儿保暖,待其清醒后,可适当给其喝一些热水。

二、休克的原因与应急处理方法

(一)休克的原因

休克是一种由于有效循环血量锐减、全身微循环障碍引起重要生命器官,如脑、心、肺、肾、肝等严重缺血、缺氧的综合征。休克的临床表现为:面色苍白、四肢湿冷、血压降低、脉搏细弱、神志模糊。休克是严重疾病的一种表现,是生命危险的信号之一,如果没有及时救护,很快会危及患者的生命。

(二)应急处理方法

(1)立即拨打120急救电话。

(2)迅速让幼儿平躺,下肢略抬高。

(3)解开幼儿的衣领、裤带,以利于血液的流动。

(4)如果幼儿出现呼吸困难的症状,可将其头部和躯干适当抬高。同时将幼儿的颈部抬高、下颌抬起,使其头部后仰并偏向一侧,保持呼吸道畅通,防止呕吐物进入呼吸道。

(5)随时检查幼儿的脉搏、呼吸和心跳,密切关注其症状变化。

(6)及时联系家长,告知幼儿的情况。

实训任务

假如户外活动时幼儿乐乐突然晕倒,请模拟保育员做出判断和进行应急处理。

实训评价

1. 关爱幼儿。
2. 操作流程规范,动作熟练。
3. 及时与家长进行有效沟通。

任务二

高热惊厥的应急处理

高热惊厥的应急处理视频

任务目标

1. 能说出幼儿高热惊厥的原因。
2. 能识别幼儿高热惊厥的表现并采取正确的应对措施。
3. 能保护幼儿的安全，体现人文关怀。

工作表单

工作表单 1

案例分析

小班的西西早上出现流涕、咳嗽、高热症状，体温达 39.4 ℃，服用退热药物后效果不明显。集体活动时西西突然全身抽动，口吐白沫，双眼上翻。

分析：1. 西西出现了什么危险？

2. 幼儿高热惊厥的原因是什么？

工作表单2

思考总结

思考:保育员对高热惊厥的幼儿应采取的应急措施有哪些?

工作表单3

小组讨论

小组讨论并合作模拟对高热惊厥幼儿的安全照护,并把过程记录下来。

学习支持

一、高热惊厥的病因

惊厥是幼儿时期的一种急症，是大脑皮质功能紊乱引起的全身性或局部肌肉群的强直性或阵挛性抽搐，常伴有意识障碍。惊厥是原发疾病所引起的一种症状。儿童的发病率为4%—6%，较成人高10—15倍，2岁以下多见。高热惊厥多短暂且为自限性，发作超过5分钟应送急诊。

引起惊厥的病因可分为感染性和非感染性两大类，根据病变部位可分为颅内和颅外两种。

二、应急处理方法

（1）当惊厥发作时，将幼儿放置在地板上或硬板床上，远离坚硬尖锐的物品，确保周围环境安全；让幼儿整个身体侧卧，便于口水流出来，以免呛到。

（2）如果幼儿的衣物太紧，要将衣领解开。

（3）惊厥停止后予以侧卧位，及时清除呼吸道分泌物及呕吐物。

（4）若惊厥停止后自主呼吸没有恢复，应实施人工呼吸。

（5）注意记录幼儿抽搐持续的时间，大部分热性惊厥在5分钟内会自行停止，但是高热惊厥超过5分钟，要马上联系120，或者送急诊尽快就医，因为超过5分钟的抽搐有可能无法自行停止。

（6）惊厥发作未超过5分钟可任其自行停止，切勿移动幼儿或强力按压及约束其肢体，也不可将物品塞入幼儿口中或强力撬开紧闭的牙关。

（7）注意观察意识、行为、瞳孔、惊厥发作类型及持续的时间等。

（8）第一次高热惊厥的幼儿应立即就医，由医生评估幼儿的发热及惊厥是否由严重感染所致，并查明病因。如果幼儿没有发热，但出现抽搐，和高热惊厥的处理方式一样。同样，如果病因不明确，也要带幼儿及时就诊。

实训任务

一天下午，幼儿园小班里3岁的小朋友花花突然出现了高热，面部发紫并伴随抽搐的症状，周围的几个小朋友因为害怕已经开始啼哭。假如你是幼儿园小班的保育老师，你会实施哪些紧急措施？

实训评价

1. 关爱幼儿，及时安抚幼儿。

2. 应对措施得当，反应迅速，流程顺畅，表述清晰。

项目小结

幼儿的身体机能发育不完善，机体的免疫能力不强，对外界环境变化较敏感，容易患各种疾病，且病情变化很快。本项目重点学习晕厥、休克、高热惊厥发作的急救处理，以降低急症发作对幼儿造成的伤害。

直通赛证

简答题

1. 口述幼儿发生晕厥时，保育人员的应急处理方法。

2. 说明惊厥的病因有哪些。

实践实训

请模拟保育员对工作表单1中出现高热惊厥症状的西西进行急救。

项目评价

主题	内容	优秀	良好	一般	较差	很差
学习态度	能准时参加全部课程，积极练习急救技术，及时查阅教师上传的学习材料	5	4	3	2	1
专业知识	熟练掌握常见急症的辨识及应对措施，能按照所学内容，运用正确的方法对幼儿实施救护	5	4	3	2	1
研讨精神	积极参与讨论和实践，能对其他人在实践操作过程中的不足提出合理的分析和见解，共同进步	5	4	3	2	1

续表

主题	内容	优秀	良好	一般	较差	很差
团队协作	能很好地融入课堂小组讨论,共同推进学习进程	5	4	3	2	1
沟通交流	能够清晰准确地表达自己的观点,与他人交流时态度语气恰当	5	4	3	2	1
人文素养	遇到幼儿出现急症时,能沉着冷静、有条不紊地处理	5	4	3	2	1
信息素养	会检索幼儿急症相关的救护视频主动学习	5	4	3	2	1
实践应用	掌握不同情景中急救的流程与基本方法,能较好地处理各类突发意外伤害事件	5	4	3	2	1
自我小结						

推荐阅读

扫描二维码,进行拓展阅读。

项目六

急救技术

学习目标

知识目标

1. 了解几种基本的急救技术。

2. 掌握基本急救技术的一般使用步骤。

能力目标

1. 能初步判断幼儿意外状况的特点。

2. 能运用正确的急救方法对发生意外的幼儿进行急救。

职业素养目标

1. 具有珍爱生命、关爱幼儿的社会责任感。

2. 增强服务意识,加强对职业的敬畏感。

学习重难点

学习重点

1. 基本的急救技术内容。

2. 常用急救技术的一般使用步骤。

学习难点

1. 辨识幼儿意外状况的特点。

2. 运用正确的急救方法对发生意外的幼儿进行急救。

思维导图

- 急救技术
  - 心肺复苏术
    - 了解心肺复苏术
    - 心肺复苏术的使用步骤
  - 外伤止血
    - 常见的止血方法
    - 注意事项
  - 包扎技术
    - 包扎的方法
    - 注意事项

任务一

心肺复苏术

任务目标

1. 了解心肺复苏术的基本原理。

2. 熟练掌握心肺复苏术的操作技能。

3. 增强救援意识，提高责任心和同情心，具备仁爱品质。

工作表单

工作表单1

案例分析

3岁的红红在幼儿园吃苹果时，将几块豆粒大小的苹果卡在气管里，引发窒息进而昏迷。

思考：1. 如果你是保育员，你会怎么处理？

2. 引起幼儿窒息的常见因素有哪些？

工作表单2

思考总结

思考:什么时候需要为幼儿做心肺复苏?

工作表单3

小组讨论

小组讨论:幼儿心肺复苏的准备工作有哪些?进行幼儿心肺复苏的流程有哪些?

学习支持

一、了解心肺复苏术

1.什么是心肺复苏术

心肺复苏术是一种应对心跳、呼吸骤停的急救措施,以维持脑组织正常的血液、氧气供应和机体的生存,直至自然呼吸和血液循环恢复。

2.什么时候需要为幼儿做心肺复苏

当幼儿昏迷时;当幼儿无法正常呼吸时;当幼儿心跳停止时。

3.为什么要做心肺复苏

通过心肺复苏保持血液流通,为大脑以及身体的其他器官提供氧气,从而避免器官损害以及死亡。

4.心肺复苏的有效抢救时间是多久

在常温下,心跳骤停之后数秒内就会意识丧失,60秒钟就会逐渐停止呼吸,10分钟就会出现脑细胞死亡。所以,在心脏停止跳动后的4—6分钟是心肺复苏的有效抢救时间。

二、心肺复苏术的使用步骤

(一)准备工作

1.确认环境安全,做好自我防护

施救者要快速观察周围环境,判断是否存在潜在危险,并采取相应的保护措施,以确保自身的安全。

2.判断意识及反应

迅速将患者摆放在地面或硬板上,呈仰卧位。保证患者身体平直、无扭曲,有外伤者在翻身和搬运过程中,要始终注意保护其颈椎和脊柱,避免二次损伤。施救者用双手轻拍患者的双肩,俯身在其两侧耳边高声呼唤,判断有无反应。对于婴儿可轻拍足底,如果无反应,可判断为无意识。

3. 呼救

大声呼喊求助，并拨打120急救电话。

4. 检查口中有无异物

跪在患者肩膀附近，一只手按住其前额，使其头部稍微后仰，另一只手按住其下颌骨，并打开嘴巴检查有无异物。如果口中无异物，保持气道开放。如果口中有异物且是液体，则使其头侧向一边让液体自然流出。如果是固体：(1)容易拿到，用手取出；(2)位置较深，不要尝试用手指去触碰，避免导致异物卡得更深；(3)不要将手指伸到患者口中寻找异物。

5. 检查呼吸

检查呼吸时，患者如果为俯卧位，应先将其翻转为仰卧位。用“听、看、感觉”的方法检查其呼吸，判断时间5—10秒。如果患者无呼吸或有叹息样呼吸，则提示可能发生了心跳骤停。此时，应立即拨打120急救电话，等待救援的同时，尽快启动心肺复苏急救。

（二）心肺复苏步骤

1. 胸外按压

正确的按压部位是在两个乳头连线和人体正中线相交点的胸骨处。按压前露出孩子的胸部，然后借助身体重量增强按压力量，每次按压前要确认胸部还原至原有高度。

2. 按压手法

婴儿（0—12个月）：

使用中指和食指按压，如果按压力度不够，则使用掌根按压。

儿童（1岁以上）：

将一只手的掌根对准按压部位，然后将另一只手叠压在这只手的上面开始按压。

3. 按压深度

按压深度约为胸部前后径的1/3，婴儿大约为4厘米，儿童大约为5厘米。

按压频率：100—120次/分钟。

单循环按压次数：连续30次。

单循环按压间歇：不超过10秒钟。

4. 人工呼吸

一只手按住患者前额，另一只手在下颌骨任何一侧中点的位置挑起下巴，使其头后仰打开气道，然后进行人工呼吸。如果条件允许，可以放一张呼吸面膜或者消毒纱布在患者的面部，再进行人工呼吸。

吹气方式：

婴儿（0—12个月）：

（1）用嘴覆盖婴儿的鼻子和嘴。

（2）将口腔内充满空气至脸部鼓起（与婴儿肺容量大致相符）。

（3）将口腔内空气吹入孩子口中。

幼儿（1岁以上）：

用手捏住鼻子，向孩子口中吹气。

吹气要点：

（1）每次吹气1秒钟，中间间隔1秒钟再吹气一次；两次吹气中，至少有一次可以看到孩子胸部起伏。如果吹气后，未见胸部起伏，则重新开放气道，如果确定气道已开放，但仍未见起伏，则可判定孩子呼吸道中有异物。

（2）继续胸部按压30次。

（3）人工呼吸2次。

（4）重复上述步骤。需要注意的是，按压时应保持每分钟100次按压的频率，且动作均匀、有节奏。

实训任务

幼儿在参与户外游戏时突然倒地，面色苍白，呼吸停止，心跳微弱。请你模拟幼儿突发心跳骤停情况下的心肺复苏操作，按照规范流程进行急救。具体实训内容如下：

1. 理论知识回顾

（1）心肺复苏术的基本概念、重要性及操作原则；（2）判断意识、呼吸及心跳的方法；（3）成人与幼儿心肺复苏法的异同点。

2. 技能操作练习

(1)胸外按压的正确位置、深度及频率;(2)人工呼吸的方法及注意事项。

3. 模拟演练

分组进行模拟演练,每组由一名同学或者仿真娃娃扮演“患儿”,其余同学轮流进行心肺复苏操作。

指导老师现场指导,纠正错误操作,确保每位同学都能掌握正确的心肺复苏技能。

任务评价

1. 知识掌握:准确描述幼儿心跳骤停的症状、识别方法及心肺复苏术的基本原理。

2. 技能操作:检查幼儿意识及呼吸时迅速准确;胸外按压的位置、手法、深度及频率符合标准;人工呼吸的操作方法正确。

3. 应急反应:在模拟紧急情景时,反应速度,应变能力强。

任务二

外伤止血

外伤止血的
应急处理视频

任务目标

1. 能够掌握外伤止血处理技术的要点。
2. 能够熟练使用外伤止血的急救措施。
3. 面对紧急情况，能从容应对。

工作表单

工作表单1

案例分析

花花和明明在户外游戏活动时不小心撞倒在地，花花的小手被擦伤并渗出了血。

分析：如果你是保育员，你会采取怎样的应急措施？

工作表单2

思考总结

思考:不同类型的外伤出血处理措施的特点是什么?

类型	特点

工作表单3

小组合作

小组合作模拟使用加压包扎止血法止血,并把发现的问题写下来。

学习支持

一、常见的止血方法

在医学上，血液自心腔或血管逸出的现象称为出血。若皮肤有伤口，血液从伤口流出体外称为外出血。

下面根据外出血的种类介绍相应的止血方法。

（一）毛细血管出血

血液从伤口处像水珠一样渗出，一般可自行凝固，无须做特殊处理。

（二）静脉出血

静脉出血，颜色为暗红色，血液缓慢不断地从伤口处流出。轻微的静脉出血，危险性较小，用碘伏对伤口周围皮肤消毒后，将消毒纱布和棉垫敷在伤口上缠以绷带，即可止血。对于较严重的静脉出血，要及时拨打120急救电话进行求助，同时用手压住或用绷带、止血带等压住伤口止血。

（三）动脉出血

动脉出血，颜色为鲜红色，出血速度快且血量大，危险性大。一定要用最快的速度把动脉出血伤者送往医院，并且在到达医院之前，需要采取正确的止血措施。止血法如下：

1.加压包扎止血法

这种是最快速、有效及简单的止血方法。使用无菌纱布或干净敷料直接覆盖伤口后，再以三角巾、纱布绷带、弹性绷带或任何现场可取得的宽度适当的长条形布条施以均匀压力将伤口缠绕，以停止出血为度。避免因包扎压迫止血过紧阻断血液循环造成二次伤害。

2.止血带止血法

适用于四肢动脉出血量较大以及其他止血法不能奏效时。止血带可就地取材，如绷带、领带、布条、麻绳等均可作止血带使用。

止血带止血法稍具有危险性，需要严格掌握好捆绑的部位和时间。如果此法使用不当，可造成肢体缺血、坏死，甚至严重的并发症，所以非到紧要关头，最好不使用此法。

3. 指压止血法

施救者用手指或手掌把出血部位的近心端的动脉血管压向骨骼方向，使血管闭塞血流中断而达到暂时止血的目的。此法用于急救时的动脉出血，不宜长时间使用，须在短时间内改换其他止血方法。

二、注意事项

施救者双手须洗干净，伤口的血凝块不要去除，不可搓揉伤口，受刺伤时不要拔出伤口的异物。

实训任务

在幼儿日常活动中，不慎摔倒或碰撞导致皮肤擦伤、划伤甚至小面积出血是常见的意外伤害。请分组模拟外伤止血实训，每组分配一名“受伤幼儿”（由同学扮演）及一名“保育员”（实训者），“保育员”需根据“受伤幼儿”的伤情，迅速判断出血类型，并选择合适的止血方法进行应急处理。

任务评价

1. 判断准确性：准确判断外伤类型及出血情况，选择正确的止血方法。
2. 操作规范性：止血过程中的操作手法、力度、包扎等符合规范。

任务三

包扎技术

任务目标

1. 掌握不同情境下的包扎处理技术。
2. 能够熟练应用包扎急救措施。
3. 能对幼儿意外伤害进行应急救护,具备强烈的责任心。

工作表单

工作表单1

案例分析

丁丁活泼好动,在户外活动时摔伤,小腿伤口流血,丁丁疼得大哭。

分析:上述案例中,如果你是保育员,你会怎么做?

工作表单2

思考总结

思考:包扎伤口的方法有哪些?

工作表单3

小组讨论

小组合作模拟头部止血包扎方法,并把发现的问题写出来。

学习支持

一、包扎的方法

（一）绷带包扎法

（1）环形包扎法：适用于颈部、手腕、手指、足踝等部位。将绷带围绕受伤部位缠绕数圈，每圈覆盖住前一圈，最后用胶布固定。在包扎时要注意保持松紧适度，避免过紧或过松。

（2）螺旋包扎法：适用于手臂、大腿等部位。将绷带斜旋缠绕，每圈压住前一圈的1/2或1/3，重复这个过程，直到将伤口完全包裹好，确保绷带没有松动，最后用胶布固定好绷带。

（3）蛇形包扎法：基本同螺旋包扎法，但每周不压前周绷带，用于固定敷料及夹板。

（4）8字形包扎法：适用于肘关节和膝关节处。将绷带一圈向上，一圈向下，呈"8"字形缠绕，并压盖前一圈，最后用胶布固定。在进行"8"字形包扎时，要确保绷带的松紧度适中，避免过紧或过松。

（二）三角巾包扎法

医用三角巾是包扎伤口的实用材料。紧急情况下，可用方块布巾折叠代用。

（1）帽式包扎法：将三角巾的底边折叠，放于前额，顶角拉向脑后。三角巾的左右两端经两耳上方，拉向后头部交叉，再绕至前额打结。顶角拉紧后掖入后头部，用别针别好。包扎面积更大的还有风帽式包扎法、航空帽包扎法。

（2）面具式包扎法：先在三角巾顶角打一结，将顶角结处套于下巴，将三角巾罩于面部，底边拉向头后，左右角拉紧交叉压住底边，再绕至前额打结。包好后可酌情在口、鼻、眼部位打洞。

（3）单眼包扎法：使用无菌纱布或消毒眼垫轻轻覆盖在受伤的眼睛上，以保护伤口并减少与外界的接触。采用三角巾或长条形绷带，一端放在伤眼处的纱布上方，另一端经头顶，再绕过后脑勺，向另一侧耳朵下方拉去，再回到伤眼同侧的耳朵上方，形成一个环绕头部的"8"字形状。最后，将绷带头尾相交，在头部合适的位置打结固定，确保整个包扎结构稳固，不易松脱。

二、注意事项

（1）清洁伤口：在包扎前，需要清洁伤口周围的皮肤，避免感染。

（2）适度包扎：包扎不能过紧或过松，过紧会影响血液循环，过松则容易脱落。

（3）定期更换：包扎物需要定期更换，避免长时间使用导致感染。

（4）注意观察：在包扎过程中，需要密切观察伤者的伤口情况，如有异常应及时处理。

实训任务

小一班在操场上玩老鹰捉小鸡的游戏，西西不小心摔倒了，肘关节磕破流出了血。请模拟保育员帮西西进行止血包扎。

实训评价

1. 包扎步骤准确，动作熟练。

2. 能及时安抚幼儿，关爱幼儿。

项目小结

急救技术是保育人员需要掌握的基本技能，以便在紧急情况下及时有效地为幼儿提供帮助。其中，心肺复苏、止血和包扎技术是最常见的急救技术。

心肺复苏术是一种用于恢复心跳骤停患者生命体征的紧急处理措施。它包括胸外按压和人工呼吸，以保持患者的呼吸和血液循环。这项技术需要定期练习，以确保实施者能够熟练掌握。

止血技术是控制伤口出血的重要措施。它包括直接压迫、加压包扎等。对于大伤口或严重出血情况，使用止血带或止血纱布是必要的。止血操作要迅速，以防止失血过多和伤口感染。

包扎技术是保护伤口和防止感染的重要技术，需要使用绷带、纱布和胶带等材料。使用正确的包扎技术进行包扎可以减少伤口感染的风险，并帮助伤口更快愈合。在包扎伤口时，应确保绷带不能过紧或过松，并定期更换包扎材料以防止伤口感染。

直通赛证

简答题

1. 正确口述心肺复苏的急救过程。

2. 正确口述加压包扎止血法的步骤。

实践实训

小组合作，分别模拟心肺复苏、止血、包扎等急救技术，并对操作要点加以说明。

项目评价

主题	内容	优秀	良好	一般	较差	很差
学习态度	能准时参加全部课程的学习，积极练习急救技术，及时查阅教师上传的视频学习材料	5	4	3	2	1
专业知识	熟练掌握基本的急救技术	5	4	3	2	1
研讨精神	积极参与讨论和实践，对其他人在实践操作过程中的不足能提出合理的分析和见解，共同进步	5	4	3	2	1
团队协作	能很好地融入课堂小组讨论，共同推进学习进程	5	4	3	2	1
沟通交流	能够清晰准确地表达自己的观点，与他人交流时态度语气恰当	5	4	3	2	1
人文素养	在用急救技术处理伤情时能沉着冷静、有条不紊，且有爱心和同理心	5	4	3	2	1
信息素养	会检索急救技术相关视频并主动学习	5	4	3	2	1
实践应用	掌握不同急救技术的流程与方法，能较好地处理各类突发意外伤害事件	5	4	3	2	1
自我小结						

推荐阅读

1. 赵祥文，肖政辉. 儿科急诊急救医学[M]. 北京：人民卫生出版社，2022.

2. 阎捷. 婴幼儿安全照护[M]. 北京：高等教育出版社，2022.

项目七

托幼园所突发事件的应急处理

学习目标

知识目标

1. 了解托幼园所突发事件的类型与特点。
2. 掌握托幼园所突发事件的常见预防措施及应对原则。
3. 熟悉托幼园所突发事件的应急处理流程。

能力目标

1. 能根据有关法律法规分析托幼园所突发事件处理的规范性与合理性。
2. 能配合托幼园所做好突发事件的预防工作。
3. 能科学规范地照护幼儿脱离危险。

职业素养目标

1. 具备敬畏生命、珍爱生命的职业精神。
2. 养成严谨细心、防微杜渐的突发事件防范意识。

学习重难点

学习重点

1. 托幼园所突发事件的常见预防措施及应对原则。
2. 托幼园所突发事件的应急处理流程。

学习难点

科学规范地照护幼儿脱离危险。

思维导图

- 托幼园所突发事件的应急处理
  - 托幼园所突发事件的基本理论
    - 托幼园所突发事件的类型与特点
    - 托幼园所突发事件的常见预防措施
    - 托幼园所突发事件的判断与应对原则
  - 托幼园所突发事件的应急处理
    - 托幼园所突发事件的报告
    - 托幼园所突发事件的应急处理
    - 托幼园所突发事件的家长沟通
    - 托幼园所突发事件的心理疏导

任务一

托幼园所突发事件的基本理论

任务目标

1. 了解托幼园所突发事件的类型与特点。

2. 掌握托幼园所突发事件的常见预防措施及应对原则。

工作表单

工作表单 1

案例分析

一天早上，在幼儿入园时间，突然出现一个身份不明的男子在幼儿园内持刀行凶，导致多名幼儿受伤。幼儿园保安和工作人员奋力将行凶男子制伏，警方接警后随即赶到现场处置，受伤幼儿也被迅速送医救治。

分析：日常中可能发生哪些突发事件危及托幼园所师幼的人身安全、财产安全？

工作表单2

思考总结

思考:托幼园所突发事件的类型包括哪些?

工作表单3

小组讨论

小组讨论:托幼园所突发事件有哪些特点?如何应对?

学习支持

一、托幼园所突发事件的类型与特点

(一)托幼园所突发事件的类型

根据《中华人民共和国突发事件应对法》中对突发事件的界定,托幼园所突发事件有以下四种类型:

1.公共卫生类突发事件

因传染病疫情、食物中毒、群体性不明原因疾病引发的严重影响师幼健康、生命安全的事件。例如新冠病毒疫情、流行性腮腺炎、群体性水痘、群体性手足口病、急性结膜炎等。

2.自然灾害类突发事件

因洪涝、地震、台风、暴雪等自然灾害造成的师幼人员伤亡、园所财产受损等事件。

3.社会安全类突发事件

危害托幼园所教职员工及在托、在园幼儿的人身安全和管理秩序的事件,如师幼遭遇绑架、威胁等暴力事件;师幼非正常死亡、失踪等可能引发影响托幼园所和社会稳定的事件。

4.事故灾难类突发事件

因人为管理疏忽导致的各种突发事件,如火灾事故、溺水事故、踩踏事故、校车安全事故、大型公共设施安全事故、意外伤害事故。

(二)托幼园所突发事件的特点

1.突发性

突发事件,往往是在出乎人们预料的情况下突然发生的,发生的时间、地点、方式、种类、程度以及影响的大小都难以把控和预测。这也就会大大增加托幼园所处理突发事件的难度。

2.危害性

突发事件不仅会破坏园所正常的工作、教学秩序,还会造成教学设备、房屋建筑等财产的损失,更会对师幼身心健康等方面造成不同程度的伤害,具有较强的危害性。

3.复杂性

尽管突发事件不能为人们预知,但其发生必然存在着前因后果,往往是综合性矛盾恶化所造成的严重后果。一果多因、环环相扣常常是突发事件所呈现的因果关系。

4.广泛性

托幼园所的安全一直是社会关注的焦点,若托幼园所发生突发事件,往往会迅速吸引广大媒体和公众的关注,一旦处理不当,极容易迅速发酵,进而演变为社会治安或政治事件。

5.持续性

托幼园所突发事件的持续性表现在两个方面:

(1)我国致力于打造"阳光校园",尽可能地降低托幼园所、中小学校等校园突发事件的发生,并最大限度地降低其危害程度,保护在园所、在校学生的安全,但校园突发事件仍然时有发生。

(2)一旦发生突发事件,其产生的负面影响和不良后果是长期存在的。尤其是性质恶劣的托幼园所突发事件,不仅严重干扰正常教学秩序,还会对教师、幼儿及家长造成身心方面的长期不良影响,甚至会在一定程度上影响社会的和谐与稳定。

二、托幼园所突发事件的常见预防措施

(一)强化危机意识

托幼园所是幼儿生活的重要场所,全体工作人员必须具备强烈的危机意识,能正确地评估周围环境中潜在的危险因素,形成严谨细心、防微杜渐的突发事件防范意识。

(二)组建应急管理小组

托幼园所在当地政府和上级教育行政部门的指导下,结合本园所实际,设置相应

的应急工作处置机构，并明确职责。此外，托幼园所还应培养每一位工作人员的安全防范意识与责任感，对每一位教师及保育员在突发事件的预防和应对过程中的职责都有细致的规定，确保“全员参与，全员保护”。

（三）制订应急预案

2006年颁布的《中小学幼儿园安全管理办法》提出的中小学校（含幼儿园）安全管理工作主要内容之一为：“健全学校安全预警机制，制定突发事件应急预案，完善事故预防措施，及时排除安全隐患，不断提高学校安全工作管理水平。”2019年国家卫生健康委员会印发的《托育机构管理规范（试行）》第三十一条明确要求：“托育机构应当制订重大自然灾害、传染病、食物中毒、踩踏、火灾、暴力等突发事件的应急预案。”由此可见，在托幼园所的安全管理工作中，突发事件应急预案的重要地位。

（四）开展应急培训

《托育机构管理规范（试行）》要求：定期对工作人员进行安全教育和突发事件应急处理能力培训。托育机构工作人员应当掌握急救的基本技能和防范、避险、逃生、自救的基本方法，在紧急情况下必须优先保障婴幼儿的安全。《中小学幼儿园安全管理办法》则在第四十五条写明：“学校应当制定教职工安全教育培训计划，通过多种途径和方法，使教职工熟悉安全规章制度、掌握安全救护常识，学会指导学生预防事故、自救、逃生、紧急避险的方法和手段。”

1.应急知识培训

应急知识培训是指对全体教职员工开展的关于安全事件的识别、防范、处理等方面的安全知识培训。安全事件发生前的防范措施以及事件发生后的具体应对处理方法是应急知识培训的主要内容。通过培训，托幼园所教职员工应能对威胁生命或财产安全的危险源进行识别和分析，熟悉并能运用安全应急管理中的知识，确保在危险来临之际能够迅速反应，各司其职，有效应对突发事件。

2.应急技能培训

应急技能培训是应急培训工作中的核心内容，通常是通过应急演练来学习的。在相对真实的危险情境中，使大家切身感受危险状况，训练教职员工和幼儿掌握必要的安全应急技能。同时，通过演练还能检验应急管理预案的可行性、可操作性。

应急技能培训通常包括各类应急预案的应对流程、常用急救技术等内容。一次培训需要经历确定任务、制订计划、选择方法、实施演练、总结评估五个步骤。在总结评估环节应该对演练过程和效果进行评价,并做好应急演练记录。记录的内容包括演练时间、演练地点和装置、演练人数、主要参加人员、演练的主要内容和过程、演练过程中存在的问题,并提出改进措施和意见。

3.沟通技能培训

良好的沟通技能不仅是个人日常工作学习生活中不可或缺的能力,也是安全应急管理的重要保障。在突发事件的巨大压力下,只有临危不惧,沉着、冷静地与相关部门及媒体进行有效沟通,才可使事件在第一时间得到有效控制。沟通技能培训的重点在于训练教职员工如何消除沟通障碍,掌握沟通的策略和技巧。

(五)明确应急处置程序

应急工作程序也叫应急处置流程,指突发事件发生后,应急响应、处置的一般程序。需要注意的是在突发事件发生、反应、报告、处置、紧急疏散、协调、善后等一系列工作程序中,有些环节是同时进行的,如事件发生后报告、处置、紧急疏散、协调等,按照应急预案规定,分别由应急管理小组的成员各负其责,合作进行。不同类别和级别的突发事件,有不同的应急预案,也就有相应的应急工作程序。

三、托幼园所突发事件的判断与应对原则

(一)托幼园所突发事件的判断原则

托幼园所突发事件初始阶段的判断具有重要意义,为后续的判断和应对提供重要参考和支撑。

突发事件的第一发现人,应根据现场情况进行初步判断并迅速采取针对性行动,上报至托幼园所相关负责人,托幼园所相关负责人在接到突发事件的警报后,应详细询问、记录有关情况和信息,包括突发事件的时间、地点、性质、类型、规模及人员伤亡等,同时,应根据突发事件的严重程度,向有关领导及时报告。园所领导接到报告后,尽快组织相关工作人员,对突发事件的级别和影响范围进行初步研判,一旦发现突发事件超出园所自身管辖范围和能力时,应迅速向上级主管部门报告并请求支援和帮助。

如遇无法判断事件危害程度的情况，应该本着“安全无小事”的态度，“就高不就低”“宁可信其有，不可信其无”的原则进行研判与上报。

（二）托幼园所突发事件的应对原则

1. 以人为本

托幼园所在面临突发事件时，应把挽救生命和保障师幼的基本安全作为处理事件和开展救援工作的首要任务。在突发事件，尤其是危及幼儿生命安全的事件发生时，所有应对措施必须以不伤害幼儿的身心健康为前提。必要时，托幼园所应毫不犹豫地牺牲经济财产等利益，优先保障幼儿的安全，做到“先救人，后救物”，将“以人为本”作为行动的首要原则。同时，突发事件现场安全情况尚不稳定时，托幼园所必须高度关注应急救援人员的人身安全，有效保护应急响应者，避免次生、衍生灾害的发生。

2. 统一领导

由于突发事件大多涉及托幼园所的全局，因此园所内部在处理此类事件时，必须坚持“统一领导”原则，上下齐心、共渡难关，形成应急处理的合力。一切处理工作必须在园长统一领导的应急管理小组指挥下进行，其他工作人员须听从指挥，各司其职。

3. 分类负责

不同类型、不同级别的突发事件应由不同应急管理小组负责，确保责任层层落实到相关小组和负责人，实现分类、分级负责与管理。具体来说，各应急管理小组对自己管辖范围内的突发事件原则上应负全责；公共突发事件应共同负责、合理分担；超出应急管理小组管辖范围的，由园长组织相关应急小组人员共同参与并主持应急工作。

4. 快速反应

速度是控制突发事件的关键。突发事件不可预测且影响大、扩散性强，一旦发生就亟待处理，不容延误。托幼园所的相关负责人在处理突发事件时，反应要敏捷，行动要迅速，措施要得力，把握好“黄金救援时间”，尽可能快速地遏制事态发展，将损失和伤害降至最低程度，避免事态进一步恶化。

5. 依靠科学

应对突发事件是一项重大而艰巨的任务，对专业性和技术性要求极高，尤其是在面对幼儿遭受烧伤、触电、劫持等突发事件时，要充分发挥专业技术人员的作用，采用科学的手段进行处理，这不仅能提高突发事件应对决策的科学性，迅速控制并消除危机，也可以大大降低突发事件应对工作的时间、人力、物力等成本投入。

6. 信息公开

托幼园所应建立运行通畅、信息共享、集约高效的信息公开系统。首先，托幼园所要做到“广泛收集信息、收集广泛信息”，确保信息的清晰度与权威性。其次，有关突发事件的信息，要严格按照法律的规定向社会公开，尤其是向幼儿家长公开，让公众及家长知晓和监督。但是，对于涉及幼儿个人隐私的信息，应严格遵循保密原则。

实训任务

某幼儿园共200名幼儿，某日午睡时，约从1点钟开始有幼儿出现恶心、呕吐、腹痛腹泻症状，随后，有类似症状的幼儿陆续增加，到2点钟时，全园累计报告有类似症状的幼儿达到30名。幼儿园方面立即送该30名幼儿入院治疗，并第一时间联系了家长，同时表示希望与患儿家长私下解决相关事宜，不希望其他人或部门参与此事。幼儿园的这一态度引发了家长的不满，并随后引起了当地媒体与公众的密切关注。

请分析：

1. 该案例属于哪一类型的突发事件？
2. 案例表现出突发事件的哪些特征？
3. 园方的处理措施是否规范、合理？说明理由。

实训评价

1. 分析有理有据、合法合规，表现出一定的法律意识。
2. 能说出突发事件的主要特征。

任务二

托幼园所突发事件的应急处理

任务目标

1. 能说出或模拟托幼园所各类常见突发事件的一般处理流程，做到有条不紊、沉着冷静。

2. 能科学规范地引导幼儿脱离危险。

工作表单

工作表单1

案例分析

某幼儿园多名幼儿确诊感染手足口病，严重者甚至被下病危通知，家长对此强烈质疑，认为幼儿园处置不力且未及时告知情况，才导致了更多的幼儿被感染。家长私下交流得知，幼儿园早知有幼儿确诊患手足口病，却未能及时通知家长，并且幼儿园几位老师关于幼儿园病例情况说法不一，引起了家长的极大不满。

分析：上述案例反映了幼儿园在处理突发事件时存在哪些问题？请谈谈你的看法。

工作表单2

思考总结

思考:托幼园所突发事件的一般处理流程有哪些?

工作表单3

小组合作

小组合作模拟幼儿发生食物中毒时的应急处置过程,并把发现的问题写下来。

学习支持

一、托幼园所突发事件的报告

（一）托幼园所突发事件的报告内容

当教职员工作为突发事件第一现场知情者时，须根据情况向110、119报警和通知120医疗救护，同时，还应在第一时间向托幼园所主要领导报告以下内容：

（1）突发事件发生的时间、地点、规模。

（2）突发事件伤亡人数、直接经济损失的初步估计。

（3）突发事件发生原因的初步判断、性质判断和影响程度评估。

（4）事发后采取的措施及事故控制情况。

（5）需要园所内的哪些部门协助抢救处理等相关事宜。

（6）如情况紧急，为做到处置及时，可先报第一项内容，同时指定专人及时将事态发展情况续报。

托幼园所主要负责人一般需要向上级相关部门持续报告突发事件情况。

（1）当负责人接到警报后，进行初次报告时，内容包括：事件发生时间、地点、规模、破坏程度、伤亡人数、可控程度、发展趋势、事件的初步性质和事故发生的可能原因等。

（2）重大、特别重大突发事件处理过程中，负责人应每天将事件发展情况报告上级教育行政主管部门，报告内容为：事件发展状态、控制情况、伤势变化、事故分析、性质判断、采取措施、下一步处理安排等。

（3）事件结束后，报告的内容为：处理结果、影响程度、责任追究、整改情况、公众及媒体各方面的反应等。

信息报告人不论是主要负责人还是托幼园所其他教职员工，都应保证报告的信息准确、客观、翔实。

（二）托幼园所突发事件的报告程序

在上报突发事件信息时，最先发现突发事件的托幼园所教职员工，应首先做到动作迅速，第一时间向上一级领导报告，不得延报；如情况危急或遇到重大突发事件，应该直接上报至托幼园所主要负责人；若有特殊情况，还应向当地公安机关报告。

托幼园所应立即向当地政府、相关主管部门及上级教育行政部门报告突发事件信息，必要时可以越级上报。根据事态的发展，要及时续报有关情况。切忌迟报、谎报、瞒报、漏报、误报等不当行为。

二、托幼园所突发事件的应急处理

为确保能及时、有序地应对各种可能发生的突发事件，保护全体教职员工及幼儿的身体健康与生命安全，托幼园所应制订针对不同类型和级别的突发事件的应急处理措施。

（一）消防安全事故的应急处理

发生火灾时，由现场教师向园长或副园长报告，幼儿园领导立即指挥相关人员采取行动，迅速到达预定地点。总指挥或副总指挥到现场或主控室进行指挥。通过广播、电话及喊话等方式向全体员工报警。

发现火灾后立即拨打119报警。在报警电话中要说明以下情况：起火单位和地址、着火物、火势、火场内有无化学物品、着火部位、报警人姓名及所用电话等，并派人员在醒目处等候接车。

灭火行动小组迅速到位。在火灾初起时，灭火行动小组可就近启用灭火器进行紧急扑救，尽最大努力扑灭初起火源或弱小火势，同时，如果火灾在室内，应关闭门窗控制火势蔓延。为幼儿疏散争取更多时间，教职员工在幼儿未完全撤离，且能确保自己安全的前提下，不得擅自离开火灾现场。

疏散引导小组迅速到位。疏散线路原则上遵循幼儿操线路，特殊情况下，疏散组可临时根据火灾发生的地点迅速做出调整决定并加以引导。撤离顺序按发生火灾地点，采用所在班级同层优先原则，先撤离所在班级幼儿，后撤离同层楼幼儿（离火源近的班级先撤），再撤离其他楼层幼儿。这样既确保了重点，又便于扑救人员进出。疏散人员引导幼儿撤离到安全地带，并告诫幼儿不得任意走动，更不得返回火灾区。主班教师或指挥教师应迅速清点幼儿人数，并向指挥教师汇报幼儿情况。

火灾发生后，幼儿园要积极协助公安消防机关查明火灾原因，提供必要的信息。若属人为火灾事故，按照“三不放过”（原因没有查清不放过，事故责任不放过，没有落实防范措施不放过）的原则进行严肃处理。

（二）户外活动突发事件的应急处理

事故发生后，相关责任人在第一时间报告园长和分管领导并启动应急预案，应急领导小组人员迅速到达现场，各负其责。园领导根据情况决定是否上报上级部门。

以最快的速度实施现场急救或将伤者紧急送往附近医院救治，同时告知家长伤害事故发生的时间、地点，伤害事故的原因及处理情况等，做好家长的安抚工作，消除家长的误解。

对于情况严重的，应及时控制事态。

（三）食物中毒事故的应急处理

及时逐级报告。一旦发生食物中毒，主班教师应及时向园所领导或保健医生报告，园所则向当地卫生局和教育局报告。报告内容包括：发生中毒的单位、地址、时间、中毒人数及死亡人数、主要临床表现以及可能引起中毒的食物等。全面明确的报告有利于相关部门正确调查分析中毒原因，并采取相应的措施。若怀疑投毒，则立即向公安部门报告。

各部门协同合作。园所应急管理小组启动应急预案，指挥各部门有序开展工作。

主班教师负责协助保健医生护理患儿，若病情较重应立即送医或向120求援。封存一切剩余的可疑食物及原料、工具、设备，保护好中毒现场（患儿吃剩的食物不要急于倒掉，盛食品的工具、容器、餐具等不要急于冲洗，患儿的排泄物要保留）以便卫生部门采样检验，为事件处理提供可靠的依据。

食堂负责人要协助卫生部门做好取证工作，按照卫生部门的要求如实提供有关材料和样品，将患儿所吃的食物，进餐总人数，同时进餐未发病者所吃的食物，可疑食物的来源、质量、存放条件、加工烹调的方法和加热的温度、时间等详细信息如实向有关部门反映。园所应指定专人接受新闻媒体采访，应对社会质询。此外，还需要协助上级有关部门做好善后工作。

（四）暴力入侵事件的应急处理

一旦发生暴力入侵事件，务必以保护幼儿和教职员工生命安全为首要任务，按照下列程序处理：

（1）第一时间拨打110电话报警或按下紧急报警按钮报警。

(2)选派擅长言辞、应变能力强的教职员工应对施暴者,尽力规劝其停止犯罪,达到拖延时间的目的。

(3)教职员工要保护幼儿,尽快带领幼儿躲避到安全的地方。及时清点幼儿人数,防止因工作疏漏对幼儿造成伤害。

(4)立即拨打120急救电话,并随时准备进行紧急救护,在第一时间将伤员送往就近医院进行救治,并通知家长或亲属。

(5)保护好现场,并在警方的指导下维持秩序,配合警方调查,做好善后处理工作。

(6)将情况及时上报给上级主管部门。

(五)地震事故的应急处理

1.快速避险

保教人员一旦感知到地震或听到地震警报声,应立即停止所有活动。若在室内,迅速组织幼儿躲避危险。帮助幼儿躲到桌子底下、两个承重墙之间最小的房间(如洗手间)或教室内侧的墙角,并且注意保护好头部。千万不要让幼儿去窗下躲避。若正在室外活动,立即将幼儿集中到操场中间空旷的地方蹲下,注意避开高大物体,并伺机迅速疏散幼儿到安全地点。

2.紧急疏散

在警报解除后,保教人员须与疏散引导人员密切配合,按照预定紧急撤离路线快速、安全、有序地将幼儿撤离到安全地点。

指导幼儿统一靠楼梯、走廊右侧行走,严禁在楼梯处和走廊里相互推搡、拉扯和冲撞,以防跌倒;只许下不能上,且不能停留;有东西掉落时不准弯腰去捡,防止踩踏;弯腰行走,注意保护好头部;不要大声喊叫。保教人员应分别在队伍前后帮扶幼儿。

在疏散过程,保教人员应使用规范、简洁且明确的应急疏散用语,不使用催促、带有紧张情绪的语言,避免幼儿产生紧张害怕的心理。

保教人员服从各安全出口及楼梯口人员指挥,避免拥挤。

到达疏散地点后,保教人员及时清点班级幼儿人数,确保每个幼儿都已安全到达指定地点。安抚幼儿的紧张情绪,并将本班幼儿情况报告给园所。如果幼儿遭受意外伤害,应立即进行现场急救并及时送往医院救治。

三、托幼园所突发事件的家长沟通

（一）换位思考，主动担责

保教人员由于工作失误给幼儿带来伤害或不良影响时，应主动担责，对于过错行为或不当行为造成的后果诚恳地表达歉意，同时表明今后会采取措施来避免该类事件的发生。只有这样，家长与保教人员之间，保教人员与幼儿之间才能彼此信任，才能消除家长的怒气，使隔阂、猜疑、抱怨和不信任得以化解。

如果遇到家长态度不冷静，有过激行为或确实难以沟通的情况，应多换位思考，不和家长针锋相对，最好暂时忍耐，并表现出乐于倾听的姿态。保教人员应理解并包容家长，体谅家长的心理感受，等待家长冷静下来，选择恰当的方式和时机，与家长开诚布公地交流，争取家长的理解和认同。

（二）理智应对，有效沟通

突发事件发生后，保教人员需要根据家长的实际情况做出有效应对，第一时间尽一切可能与家长沟通，取得共识，以更好地争取家长的配合与谅解。

在交流时，保教人员要控制谈话的内容和进程，及时将双方交流的中心集中到沟通的目标上，在维护幼儿及自己的合法权益的前提下，说明事情发生的过程、调查进度及园所的处理态度与进程等，确保谈话内容符合事实。

（三）态度谦和，语言平实

保教人员在与家长沟通时，应有谦和的态度及使用平实的语言，对事件做出通俗的解释。在与家长当面沟通时，还要保持合适的社交距离，以不卑不亢、平等的态度与家长交流。

（四）善用非语言沟通技巧，营造良好的沟通氛围

非语言沟通，又叫身体语言沟通，指除语言以外的其他交往方式，包括目光、表情、手势等。人们通过非语言沟通方式，往往能潜在地表达某种信息。当遭遇突发事件时，家长的情绪高度紧张，保教人员在与家长进行沟通时，若能控制好自己的身体语言，将有利于营造良好的沟通氛围，有效安抚家长或争取家长的配合。

四、托幼园所突发事件的心理疏导

（一）教师、园长个人和团队的心理疏导

当托幼园所发生危机事件后，人们的注意力集中在受害的幼儿身上，而与幼儿伤害事件紧密相关的教师、园长往往被忽视。即使关注，也多是站在审视的立场，指责他们未尽到责任。对于确实需要承担责任的教师、园长而言，他们一方面要承受良心的谴责，一方面要承受家长的指责、社会舆论的压力。如果没有心理支持，很容易出现心理问题。因此，对于与突发事件有密切关系的教师、园长以及团队，需要给予更多心理安慰，托幼园所事故处理小组的联络人员需要和他们的家人保持联系，提醒家庭给予他们关怀和支持，帮助他们渡过困难时期。一旦发现他们的行为、言谈出现异常，联络员需要及时与专业心理辅导机构联系，请求专业人员的支持和帮助。

（二）受伤害幼儿的心理危机干预

幼儿心理危机干预是干预者对幼儿心理危机所采取的一系列活动。幼儿心理危机干预是运用心理学、教育学、社会学等原理与技术，对心理处于危机状态的幼儿给予及时适当的心理援助；是一种积极主动的心理干预手段，能缓解具有破坏性的压力事件给幼儿所带来的直接冲击，减轻危机的负面影响，帮助幼儿摆脱心理困境。如遭受暴力袭击或目睹暴力事件的幼儿，出现反常的沉默、反复追问与死亡相关的问题、不停地哭闹等异常行为，都是心理出现危机的信号。另外，还有一些幼儿看似表现正常，但经历过的恐怖事件可能导致他们频繁做噩梦等，这些都需要进行心理干预。

（三）制订疏导计划并选择合适人员实施计划

托幼园所中需要配备心理咨询师，当突发事件发生后，应由心理咨询师、家长与主班教师一起对幼儿进行诊断。了解事件性质、可能的伤害与程度、幼儿行为表现、幼儿的个性特点等，综合分析幼儿是否有出现心理危机的倾向，并制订疏导计划。

（四）开展心理危机干预技巧培训

保教人员应该学会以下干预技巧：

（1）在获取与危机有关的各种事实，并取得园长准许后，用适合幼儿年龄和认知水平的方式准确、如实地向幼儿解释已经发生了什么。

(2)始终保持对自我情绪的控制,在表达自己的感觉和情绪过程中,积极为幼儿树立良好榜样,并允许和引导幼儿用各种方式表达他们正在经历的感受。幼儿通常倾向于根据成年人对事情的反应来评价自己的反应。

(3)对幼儿进行如何面对危机的教育时,要帮助幼儿意识到,他们曾熟悉的环境已经受到威胁,他们的安全正在遭受破坏。同时,要让幼儿知道,在经历危机时强烈的情绪波动是正常的,并教会他们如何有效地处理(例如可以向他人说出自己的感觉,可以向他人寻求心理支持)。

(4)当自己难以有效地调整状态以满足本班幼儿教育需求时,可申请由幼儿园的其他工作人员暂时接替或者协助开展工作,但应做到始终和自己班的幼儿在一起。

(5)为幼儿提供使用语言、图画等方式来表达自己感受的机会。当幼儿讨论他们的感受时,要给予心理支持,不加任何批评或评价;在和幼儿交流时,要表达对幼儿的各种反应的理解。

(6)根据幼儿的表现,判断是否需要进一步接受专业性帮助。若幼儿出现以下反应越多,则越需要接受专业性心理支持:吮吸手指、说话困难、尿床、食欲降低或增强、害怕黑暗、依恋和啼哭、分离困难等。

(五)帮助幼儿建立积极的心理危机防御机制

自然灾害多发地区的托幼园所应针对幼儿的年龄特点,经常向他们传授有关灾害的基本知识,指导他们掌握抵御灾害的技能,树立战胜灾害的信心。坚持开展生命教育和耐挫教育,让幼儿正确认识生命和死亡,不断提高心理耐受力,减轻重大打击所带来的心理伤害。

(六)加强与家长及社会各界的沟通

鼓励家长参与幼儿心理健康教育,并为孩子做表率。父母良好的心理状态、沉着有力的抗灾姿态、舍己救人的无私精神,是孩子最强有力的心理支柱。

与心理专家建立长期合作关系,组织心理专家对园所教职员工进行系统的培训和交流互动活动,培养教职员工良好的心理素质,从而间接促进孩子健康成长。

实训任务

在一个普通的教学日，幼儿园李老师正组织幼儿进行常规活动，突然间地震警报响起，预示即将发生地震。在这种紧急情况下，幼儿园立即启动地震紧急避险预案，保护所有幼儿和工作人员的生命安全。如果你是李老师，你会如何保护幼儿？

实训评价

1. 应急反应速度快。
2. 避险行为规范。
3. 疏散有秩序。
4. 信息沟通效率高。
5. 积极进行心理干预。
6. 团队协作默契。

项目小结

在面对突发事件时，托幼园所需要秉持“全员、全程、全面”的原则，确保每一项应急措施都能得到有效落实，保障全体师生的生命安全和身心健康。通过“全员、全程、全面”参与，托幼园所才能建立起一个立体化的应急防控体系，最大限度地降低突发事件带来的损失，营造一个安全稳定的学习生活环境。

直通赛证

选择题

1. 托幼园所处理好突发事件的关键原则是（　　）。

A. 分级负责原则　　B. 依法处理原则

C. 快速反应原则　　D. 信息公开原则

2. 托幼园所处理突发事件时，应遵循的首要原则是（　　）。

A. 以人为本　　B. 依靠科学

C. 信息公开　　D. 快速反应

3. 最先发现突发事件的人，应第一时间上报的信息包括(　　)。

A. 事件发生的原因、性质、程度　　B. 事件发生的地点、时间、涉及人员

C. 采取的措施、事故控制情况　　D. 以上信息都需要

实践实训

某日，幼儿园的幼儿都在睡午觉，突然有人发现幼儿园厨房有浓烟冒出，而且火势越来越大。如果你是保育员，你会怎么做？请依据托幼园所突发事件的判断与应对原则，结合案例进行说明。

项目评价

主题	内容	优秀	良好	一般	较差	很差
学习态度	能准时参加全部课程的学习，按时提交作业，及时查阅教师上传的学习材料	5	4	3	2	1
专业知识	熟悉托幼园所突发事件应急处理原则与处理流程	5	4	3	2	1
研讨精神	积极参与讨论，对其他人的发言能提出合理的分析和见解	5	4	3	2	1
团队协作	能很好地融入课堂小组讨论，共同推进学习进程	5	4	3	2	1
沟通交流	能够清晰准确地表达自己的观点，与他人交流时态度语气恰当	5	4	3	2	1
人文素养	能够关注幼儿安全教育人文知识，有意识地培养职业人文精神	5	4	3	2	1
信息素养	会检索托幼园所突发事件应对相关政策文件、法律法规，并主动学习	5	4	3	2	1
实践应用	能判断托幼园所的突发事件的性质，按照规范流程处理突发事件	5	4	3	2	1
自我小结						

参考文献

[1]宣兴村.学前儿童卫生与保健[M].长春:东北师范大学出版社,2020.

[2]宋彩虹.幼儿生活活动保育[M].上海:华东师范大学出版社,2020.

[3]杨明.学前儿童急症救助与突发事件应对[M].上海:华东师范大学出版社,2020.

[4]陈卫琴,党劲,唐春秀.幼儿安全照护[M].杭州:浙江大学出版社,2023.

[5]闵捷.婴幼儿安全照护[M].北京:高等教育出版社,2022.

[6]于新颖,蔡惠莲.婴幼儿健康照护[M].北京:高等教育出版社,2022.

[7]赵祥文,肖政辉.儿科急诊急救医学[M].5版.北京:人民卫生出版社,2022.

笔·记

笔·记